Marc Englert

Geschichte an Stationen

SPEZIAL

Deutschland 1945 – 1990

Auer

Die Herausgeber:

Marco Bettner: Rektor als Ausbildungsleiter, Haupt- und Realschullehrer, Referent in der Lehrerfort- und Lehrerweiterbildung, zahlreiche Veröffentlichungen als Autor und Herausgeber

Dr. Erik Dinges: Rektor einer Förderschule für Lernhilfe, Referent in der Lehrerfort- und Lehrerweiterbildung, zahlreiche Veröffentlichungen als Autor und Herausgeber

Der Autor:

Marc Englert: Haupt- und Realschullehrer für Geschichte und ev. Religion

---

In diesem Werk sind nach dem MarkenG geschützte Marken und sonstige Kennzeichen für eine bessere Lesbarkeit nicht besonders kenntlich gemacht. Es kann also aus dem Fehlen eines entsprechenden Hinweises nicht geschlossen werden, dass es sich um einen freien Warennamen handelt.

4. Auflage 2024
© 2014 Auer Verlag, Augsburg
AAP Lehrerwelt GmbH
Alle Rechte vorbehalten.

Das Werk als Ganzes sowie in seinen Teilen unterliegt dem deutschen Urheberrecht. Der*die Erwerber*in der Einzellizenz ist berechtigt, das Werk als Ganzes oder in seinen Teilen für den eigenen Gebrauch und den Einsatz im eigenen Präsenz- oder Distanzunterricht zu nutzen.

Produkte, die aufgrund ihres Bestimmungszweckes zur Vervielfältigung und Weitergabe zu Unterrichtszwecken gedacht sind (insbesondere Kopiervorlagen und Arbeitsblätter), dürfen zu Unterrichtszwecken vervielfältigt und weitergegeben werden. Die Nutzung ist nur für den genannten Zweck gestattet, nicht jedoch für einen schulweiten Einsatz und Gebrauch, für die Weiterleitung an Dritte einschließlich weiterer Lehrkräfte, für die Veröffentlichung im Internet oder in (Schul-)Intranets oder einen weiteren kommerziellen Gebrauch. Mit dem Kauf einer Schullizenz ist die Schule berechtigt, die Inhalte durch alle Lehrkräfte des Kollegiums der erwerbenden Schule sowie durch die Schüler*innen der Schule und deren Eltern zu nutzen. Nicht erlaubt ist die Weiterleitung der Inhalte an Lehrkräfte, Schüler*innen, Eltern, andere Personen, soziale Netzwerke, Downloaddienste oder Ähnliches außerhalb der eigenen Schule. Eine über den genannten Zweck hinausgehende Nutzung bedarf in jedem Fall der vorherigen schriftlichen Zustimmung des Verlags.

Sind Internetadressen in diesem Werk angegeben, wurden diese vom Verlag sorgfältig geprüft. Da wir auf die externen Seiten weder inhaltliche noch gestalterische Einflussmöglichkeiten haben, können wir nicht garantieren, dass die Inhalte zu einem späteren Zeitpunkt noch dieselben sind wie zum Zeitpunkt der Drucklegung. Der Auer Verlag übernimmt deshalb keine Gewähr für die Aktualität und den Inhalt dieser Internetseiten oder solcher, die mit ihnen verlinkt sind, und schließt jegliche Haftung aus.

Autor*innen: Marc Englert
Satz: tebitron gmbh, Gerlingen
Druck und Bindung: Druckerei Joh. Walch GmbH & Co. KG
ISBN 978-3-403-07241-6

www.auer-verlag.de

Inhaltsverzeichnis

Vorwort 4

Materialaufstellung und Hinweise
zu den einzelnen Stationen 5

Laufzettel 8

„Die Stunde Null" – die Lage im besiegten Deutschland

Station 1:	Der Schwarzmarkt boomt	9
Station 2:	Stille Heldinnen – die Trümmerfrauen	10
Station 3:	Die Potsdamer Konferenz.....	11
Station 4:	Flucht und Vertreibung der Deutschen............	12
Station 5:	Trumandoktrin und Marshallplan	13
Station 6:	Die Nürnberger Prozesse	14

Schlaglichter der deutsch-deutschen Geschichte

Station 1:	Die Aufteilung Deutschlands in Zonen	15
Station 2:	Die Gründung der BRD und der DDR	16
Station 3:	Deutschland im Kalten Krieg ..	17
Station 4:	NATO versus Warschauer Pakt .	18
Station 5:	Luftbrücke und Rosinenbomber	19
Station 6:	13. August 1961 – Bau der Berliner Mauer	20

Die Bundesrepublik Deutschland

Station 1:	Die Deutsche Mark kommt – die Währungsreform	21
Station 2:	Das Grundgesetz..........	22
Station 3:	Die Ära Adenauer..........	23
Station 4:	Die Verfassung der BRD	24
Station 5:	Das Wirtschaftswunder	25
Station 6:	Das Wunder von Bern	26
Station 7:	Von Halbstarken und Backfischen.............	27
Station 8:	Rock 'n' Roll und neue Freiheit..	28
Station 9:	APO und Studentenbewegung – die 68er................	29
Station 10:	Die RAF – Terrorismus in Deutschland............	30

Die Deutsche Demokratische Republik

Station 1:	Stalinismus	31
Station 2:	Sozialismus – Wie funktioniert der neue Staat?	32
Station 3:	Planwirtschaft versus Soziale Marktwirtschaft	33
Station 4:	17. Juni 1953 – Aufstand in der DDR	34
Station 5:	Sigmund Jähn – der Kosmonaut	35
Station 6:	Sparwasser trifft – BRD geschlagen!	36
Station 7:	Der Staat ist überall	37
Station 8:	Jugend im Sozialismus	38
Station 9:	Ostrock – ein Zeichen gegen das System	39

Annäherung und Wiedervereinigung

Station 1:	Neue Ostpolitik unter Willy Brandt..............	40
Station 2:	Flucht aus der DDR	41
Station 3:	Auf gute Nachbarschaft – der Grundlagenvertrag	43
Station 4:	„Wir sind das Volk!" – eine friedliche Revolution.....	44
Station 5:	„Wir sind ein Volk!" – der Fall der Mauer	46
Station 6:	Die deutsche Einheit – Freude und Herausforderung..	47
Station 7:	Bundeskanzler Kohl und der Zehn-Punkte-Plan	48
Station 8:	Die Wiedervereinigung	49
Station 9:	Ungleichheit trotz Einheit?....	50

Lösungen 51

Quellennachweis 68

Vorwort

Bei den vorliegenden Stationsarbeiten handelt es sich um eine Arbeitsform, bei der unterschiedliche Lernvoraussetzungen, unterschiedliche Zugänge und Betrachtungsweisen sowie unterschiedliche Lern- und Arbeitstempi der Schüler Berücksichtigung finden. Die Grundidee ist, den Schülern einzelne Arbeitsstationen anzubieten, an denen sie gleichzeitig selbstständig arbeiten können. Die Reihenfolge des Bearbeitens der einzelnen Stationen ist dabei in der Regel ebenso frei wählbar wie das Arbeitstempo und meist auch die Sozialform.

Innerhalb eines Stationslaufs können Sie als Lehrkraft Stationen als Wahl- und als Pflichtaufträge deklarieren (siehe Laufzettel). Aufgrund der individuellen Lernvoraussetzungen haben wir bewusst auf eine Vorgabe verzichtet.

Als dominierende Unterrichtsprinzipien sind bei allen Stationen die Schülerorientierung und Handlungsorientierung aufzuführen. Schülerorientierung meint, dass der Lehrer in den Hintergrund tritt und nicht mehr im Mittelpunkt der Interaktion steht. Er wird zum Beobachter, Berater und Moderator. Seine Aufgabe ist nicht das Strukturieren und Darbieten des Lerngegenstandes in kleinsten Schritten, sondern durch die vorbereiteten Stationen eine Lernatmosphäre zu schaffen, in der Schüler sich Unterrichtsinhalte eigenständig erarbeiten bzw. Lerninhalte festigen und vertiefen können. Handlungsorientierung meint, dass das angebotene Material und die Arbeitsaufträge für sich selbst sprechen. Der Unterrichtsgegenstand und die zu gewinnenden Erkenntnisse werden nicht durch den Lehrer dargeboten, sondern durch die Auseinandersetzung mit dem Material und die eigene Tätigkeit gewonnen und begriffen.

Mit dieser Veröffentlichung möchten wir – wie bereits erwähnt – Materialien zur Verfügung stellen, die den unterschiedlichen Lernvoraussetzungen der Schüler gerecht werden. Jeder Einzelne erhält seinen eigenen Zugang zum inhaltlichen Lernstoff. Die einzelnen Stationen ermöglichen das Lernen mit allen Sinnen unter Nutzung der verschiedenen Eingangskanäle. Dabei werden sowohl visuelle (sehorientierte) als auch haptische (fühlorientierte) und auch intellektuelle Lerntypen angesprochen. An dieser Stelle werden auch gleichermaßen die Bruner'schen Repräsentationsebenen (enaktiv bzw. handelnd, ikonisch bzw. visuell und symbolisch) berücksichtigt. Aus Ergebnissen der Wissenschaft ist bekannt: Je mehr Eingangskanäle angesprochen werden, umso besser und langfristiger wird Wissen gespeichert und damit umso fester verankert. Das vorliegende Arbeitsheft unterstützt in diesem Zusammenhang das Erinnerungsvermögen, das nicht nur an Einzelheiten und Begriffe geknüpft ist, sondern häufig auch an die Lernsituation.

Mithilfe der vorliegenden Arbeitsblätter erhalten die Schüler einen historischen, geografischen, politischen, ferner einen wirtschaftlichen und kulturgeschichtlichen Überblick, der sie befähigen soll, Verantwortung für sich und die Gemeinschaft zu übernehmen und das kulturelle Erbe im Interesse des Gemeinwohls zu gestalten und weiterzuentwickeln. Das Übungsmaterial ist die Grundlage zur Formulierung persönlicher und politisch-gesellschaftlicher Problemstellungen.

Die Materialien sind in allen Schulformen einsetzbar. Sie berücksichtigen die in den Lehrplänen der Bundesländer formulierten zu vermittelnden Kompetenzen (Kenntnisse, Einsichten, Arbeitstechniken und Methoden).

---

[1] Aufgrund der besseren Lesbarkeit ist in diesem Buch mit Schüler immer auch die Schülerin gemeint, ebenso verhält es sich bei Lehrer und Lehrerin etc.

Materialaufstellung und Hinweise zu den einzelnen Stationen

Bei den folgenden Stationsarbeiten müssen die Aufgaben zum Teil auf einem separaten Blatt bearbeitet werden. Um eine lose Blattsammlung zu vermeiden, ist das Anlegen einer Mappe oder eines Ordners zu empfehlen.

Textquellen sind zumeist an die neue Rechtschreibung angepasst. Dies soll zu einer flüssigen Lesbarkeit und einem besseren Verständnis führen.

„Die Stunde Null" – die Lage im besiegten Deutschland

Die Seiten 9 bis 14 sind in entsprechender Anzahl zu vervielfältigen und den Schülern bereitzulegen. Als Möglichkeit zur Selbstkontrolle können Lösungsseiten erstellt werden.

Seite 9	Station 1	**Der Schwarzmarkt boomt:** evtl. PC mit Internetzugang sowie Lexikon
Seite 10	Station 2	**Stille Heldinnen – die Trümmerfrauen:** evtl. PC mit Internetzugang sowie Lexikon, ggf. Buntstifte und Bildmaterial (Zeitschriften)
Seite 11	Station 3	**Die Potsdamer Konferenz:** evtl. PC mit Internetzugang sowie Lexikon und Geschichtsatlas
Seite 12	Station 4	**Flucht und Vertreibung der Deutschen:** evtl. PC mit Internetzugang sowie Lexikon
Seite 13	Station 5	**Trumandoktrin und Marshallplan:** evtl. PC mit Internetzugang sowie Lexikon
Seite 14	Station 6	**Die Nürnberger Prozesse:** evtl. PC mit Internetzugang sowie Lexikon

Schlaglichter der deutsch-deutschen Geschichte

Die Seiten 15 bis 20 sind in entsprechender Anzahl zu vervielfältigen und den Schülern bereitzulegen. Als Möglichkeit zur Selbstkontrolle können Lösungsseiten erstellt werden.

Seite 15	Station 1	**Die Aufteilung Deutschlands in Zonen:** evtl. PC mit Internetzugang sowie Lexikon und Geschichtsatlas
Seite 16	Station 2	**Die Gründung der BRD und der DDR:** evtl. PC mit Internetzugang sowie Lexikon und Buntstifte
Seite 17	Station 3	**Deutschland im Kalten Krieg:** evtl. PC mit Internetzugang sowie Lexikon, ggf. Geschichtsatlas
Seite 18	Station 4	**NATO versus Warschauer Pakt:** evtl. PC mit Internetzugang sowie Lexikon, Buntstifte
Seite 19	Station 5	**Luftbrücke und Rosinenbomber:** evtl. PC mit Internetzugang sowie Lexikon
Seite 20	Station 6	**13. August 1961 – Bau der Berliner Mauer:** evtl. PC mit Internetzugang sowie Lexikon

Die Bundesrepublik Deutschland

Die Seiten 21 bis 30 sind in entsprechender Anzahl zu vervielfältigen und den Schülern bereitzulegen. Als Möglichkeit zur Selbstkontrolle können Lösungsseiten erstellt werden.

Seite 21	Station 1	**Die Deutsche Mark kommt – die Währungsreform:** evtl. PC mit Internetzugang sowie Lexikon
Seite 22	Station 2	**Das Grundgesetz:** evtl. PC mit Internetzugang sowie Lexikon
Seite 23	Station 3	**Die Ära Adenauer:** evtl. PC mit Internetzugang sowie Lexikon
Seite 24	Station 4	**Die Verfassung der BRD:** evtl. PC mit Internetzugang sowie Lexikon
Seite 25	Station 5	**Das Wirtschaftswunder:** evtl. PC mit Internetzugang sowie Lexikon, ggf. Hörbeispiel
Seite 26	Station 6	**Das Wunder von Bern:** evtl. PC mit Internetzugang sowie Lexikon
Seite 27	Station 7	**Von Halbstarken und Backfischen:** evtl. PC mit Internetzugang sowie Lexikon
Seite 28	Station 8	**Rock 'n' Roll und neue Freiheit:** evtl. PC mit Internetzugang sowie Lexikon
Seite 29	Station 9	**APO und Studentenbewegung – die 68er:** evtl. PC mit Internetzugang sowie Lexikon
Seite 30	Station 10	**Die RAF – Terrorismus in Deutschland:** evtl. PC mit Internetzugang sowie Lexikon

Die Deutsche Demokratische Republik

Die Seiten 31 bis 39 sind in entsprechender Anzahl zu vervielfältigen und den Schülern bereitzulegen. Als Möglichkeit zur Selbstkontrolle können Lösungsseiten erstellt werden.

Seite 31	Station 1	**Stalinismus:** evtl. PC mit Internetzugang sowie Lexikon
Seite 32	Station 2	**Sozialismus – Wie funktioniert der neue Staat?:** evtl. PC mit Internetzugang sowie Lexikon
Seite 33	Station 3	**Planwirtschaft versus Soziale Marktwirtschaft:** evtl. PC mit Internetzugang sowie Lexikon
Seite 34	Station 4	**17. Juni 1953 – Aufstand in der DDR:** evtl. PC mit Internetzugang sowie Lexikon
Seite 35	Station 5	**Sigmund Jähn – der Kosmonaut:** evtl. PC mit Internetzugang sowie Lexikon
Seite 36	Station 6	**Sparwasser trifft – BRD geschlagen!:** evtl. PC mit Internetzugang sowie Lexikon
Seite 37	Station 7	**Der Staat ist überall:** evtl. PC mit Internetzugang sowie Lexikon
Seite 38	Station 8	**Jugend im Sozialismus:** evtl. PC mit Internetzugang sowie Lexikon
Seite 39	Station 9	**Ostrock – ein Zeichen gegen das System:** evtl. PC mit Internetzugang sowie Lexikon

Annäherung und Wiedervereinigung

Die Seiten 40 bis 50 sind in entsprechender Anzahl zu vervielfältigen und den Schülern bereitzulegen. Als Möglichkeit zur Selbstkontrolle können Lösungsseiten erstellt werden.

Seite 40	Station 1	**Neue Ostpolitik unter Willy Brandt:** evtl. PC mit Internetzugang sowie Lexikon
Seite 41	Station 2	**Flucht aus der DDR:** evtl. PC mit Internetzugang sowie Lexikon
Seite 43	Station 3	**Auf gute Nachbarschaft – der Grundlagenvertrag:** evtl. PC mit Internetzugang sowie Lexikon
Seite 44	Station 4	**„Wir sind das Volk!" – eine friedliche Revolution:** evtl. PC mit Internetzugang sowie Lexikon
Seite 46	Station 5	**„Wir sind ein Volk!" – der Fall der Mauer:** evtl. PC mit Internetzugang sowie Lexikon
Seite 47	Station 6	**Die deutsche Einheit – Freude und Herausforderung:** evtl. PC mit Internetzugang sowie Lexikon
Seite 48	Station 7	**Bundeskanzler Kohl und der Zehn-Punkte-Plan:** evtl. PC mit Internetzugang sowie Lexikon
Seite 49	Station 8	**Die Wiedervereinigung:** evtl. PC mit Internetzugang sowie Lexikon
Seite 50	Station 9	**Ungleichheit trotz Einheit?:** evtl. PC mit Internetzugang sowie Lexikon

Laufzettel

für _____

Pflichtstationen

Stationsnummer	erledigt	kontrolliert
Nummer ____		
Nummer ____		
Nummer ____		
Nummer ____		
Nummer ____		
Nummer ____		
Nummer ____		

Wahlstationen

Stationsnummer	erledigt	kontrolliert
Nummer ____		
Nummer ____		
Nummer ____		
Nummer ____		
Nummer ____		

Station 1

Der Schwarzmarkt boomt

Name:

Gegen Ende des Zweiten Weltkrieges und in den ersten Nachkriegsjahren herrschte akuter Mangel an Lebensmitteln und Wohnungen. Geschäfte waren geschlossen oder durch die Bombenangriffe zerstört, das Ackerland konnte mangels Saatgut nur schwer bewirtschaftet werden. Über die Hälfte der Bevölkerung war obdachlos oder lebte auf engstem Raum zusammen, was bei mangelnder Hygiene häufig zum Ausbruch von Krankheiten führte. Auch war vielerorts das Stromnetz zerstört worden, sodass der Straßenverkehr lahmgelegt war. In den einzelnen Besatzungszonen versuchte man, die Verteilung der Grundnahrungsmittel durch Lebensmittelkarten zu sichern. Wer jedoch darüber hinaus Bedarf hatte, versuchte sein Glück auf dem illegalen Schwarzmarkt.

Aufgabe 1

In der unmittelbaren Nachkriegszeit mussten die Menschen kreativ sein, um ihr Überleben zu sichern. Erläutere die folgenden Begriffe.

- Hamsterfahrt
- Schulspeisung
- fringsen

Aufgabe 2

Das folgende Plakat thematisiert die Obdachlosenproblematik der Nachkriegszeit (hier am Beispiel der Stadt Köln). Interpretiere das Plakat. Beschreibe zunächst, welche Elemente du erkennen kannst. Erläutere in einem zweiten Schritt, welche Absicht der Zeichner damit verfolgte.

Aufgabe 3

Versetze dich in die Lage eines Jugendlichen zu dieser Zeit. Verfasse einen Tagebucheintrag und beschreibe darin die Situation sowie Gefühle und Sehnsüchte des Jugendlichen. Die folgenden Stichpunkte können dir dabei helfen.

- Vater noch nicht vom Schlachtfeld zurückgekehrt – Mutter arbeitet als Trümmerfrau
- kaum Lebensmittel – Schwarzmarkt – Angst vor Rache der Besatzungsmacht
- täglicher Hunger – vermisste Freunde

Station 2

Stille Heldinnen – die Trümmerfrauen

Name:

Aufgabe 1

Recherchiere zu den sogenannten Trümmerfrauen und beantworte die folgenden Fragen.

1. Welchen Lohn bekamen die fleißigen Helferinnen für ihre Arbeit?
2. Warum mussten in der Nachkriegszeit ausgerechnet Frauen die Aufbauarbeit leisten und nicht ihre Männer?

Aufgabe 2

Lies den folgenden Text sorgfältig durch und beantworte anschließend die Frage: Würdest du die Trümmerfrauen als „stille Heldinnen" bezeichnen? Begründe deine Meinung.

> Aus historischer Sicht versteht man unter dem Begriff „Trümmerfrauen" all jene Frauen, die 1945 im Alter zwischen 16 und 45 Jahren waren und zu als gemeinnützig geltenden Arbeiten durch das Arbeitsamt verpflichtet wurden. Die Nachkriegsleistungen der Trümmerfrauen, ihre Entbehrungen, ihre Kraft, für sich, ihre Kinder, für Alte und Kranke das Überleben zu sichern, um aus dem Chaos der zerstörten Heimatstadt wieder ein geordnetes Leben zu ermöglichen – über all dies wird heute kaum noch gesprochen.

Aufgabe 3

Die Geschichte der Trümmerfrauen gerät zunehmend in Vergessenheit. Gerade jüngere Menschen können sich diese körperliche Schwerstarbeit heute kaum mehr vorstellen. Überlege, wie man mit künstlerischen Mitteln dem Vergessen vorbeugen könnte. Du kannst ein Denkmal zeichnen, ein Gedicht verfassen, eine Bildcollage basteln oder deiner Kreativität auf andere Weise freien Lauf lassen.

Station 3

Die Potsdamer Konferenz

Name:

„Die Stunde Null" – die Lage im besiegten Deutschland

Nachdem die Alliierten schon während des Krieges mehrere Anläufe unternommen hatten, sich über eine europäische und vor allem eine deutsche Zukunft zu verständigen (u. a. auf den Konferenzen von Jalta und Teheran), trafen sich die führenden Staatsmänner nach der Kapitulation Deutschlands zu einer gemeinsamen Konferenz in Potsdam.

Aufgabe 1

Die Potsdamer Konferenz wurde vom 17. Juli bis zum 2. August 1945 im Potsdamer Schloss Cecilienhof abgehalten. Welche drei Staatsmänner trafen hier zusammen? Markiere die richtigen Antworten und stelle die Haltungen der Siegermächte kurz einander gegenüber.

- Josef Stalin
- Harry S. Truman
- Kaiser Hirohito
- Clement Attlee
- Charles de Gaulle

Aufgabe 2

Lege eine dreispaltige Tabelle mit den Spalten politisch – wirtschaftlich – territorial an. Ordne anschließend die im Kasten angegebenen wichtigsten Beschlüsse der Potsdamer Konferenz der jeweils passenden Spalte zu.

> Einrichtung eines Alliierten Kontrollrats – Alliierte Regierungsgewalt – Abrüstung
> Grundsätze für die Behandlung der Deutschen in den Zonen – Entmilitarisierung
> Auflösung der NSDAP – Verhaftung der Kriegsverbrecher
> Demokratisierung – Reparationsleistungen – Oder-Neiße-Linie als Westgrenze Polens
> Überführung der deutschen Bevölkerung aus Polen und Tschechien
> Königsberg und Ostpreußen unter Sowjet-Verwaltung

Aufgabe 3

Die Siegermächte einigten sich darauf, Deutschland in vier Besatzungszonen aufzuteilen. Ebenso wurde die Hauptstadt Berlin in vier Sektoren unterteilt. Zeichne auf der Deutschlandkarte die Zonengrenzen sowie in dem Umriss von Berlin die Sektorengrenzen mithilfe eines Geschichtsatlasses ein und beschrifte sie.

Station 4

Flucht und Vertreibung der Deutschen

Name:

Aufgabe 1

Auf der folgenden Karte siehst du die Anzahl der deutschen Flüchtlinge in den Nachkriegsjahren 1945–1950.

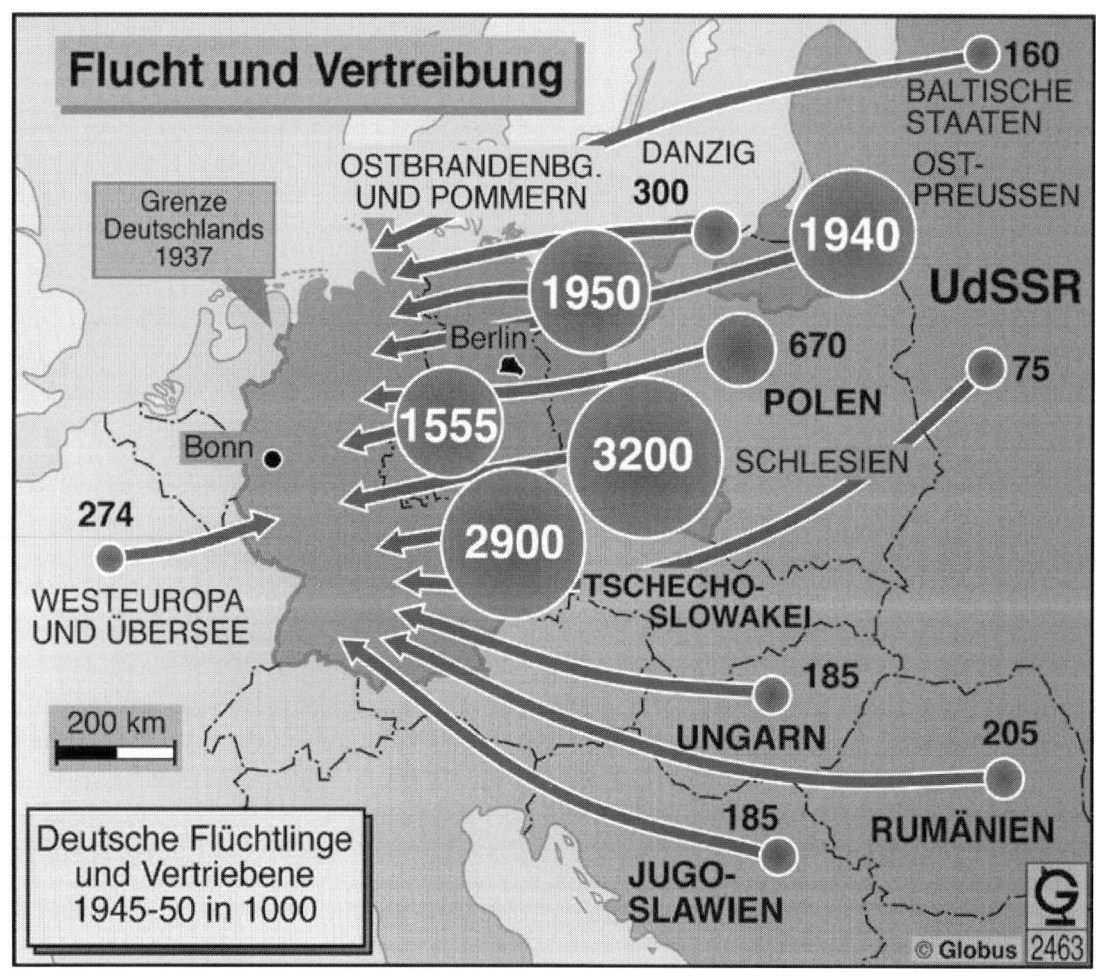

1. Beschreibe, aus welchen Regionen Flüchtlinge in die westlichen Besatzungszonen Deutschlands vordrangen. Was fällt dir auf?
2. Überlege, wie die deutsche Bevölkerung wohl auf die neuen Mitbürger reagierte.
3. In vielen Städten gibt es die Straßenbezeichnung „Sudetenstraße". Woher kommt der Name?

Aufgabe 2

Verfasse einen Beitrag für ein Jugendlexikon zu dem Thema „Flucht und Vertreibung der Deutschen". Verwende dabei unter anderem die folgenden Begriffe.

> Rote Armee – Partisanen – Erniedrigungen – bittere Kälte
> große Flüchtlingskolonnen – Hunger – Zwangsaussiedlungen
> Potsdamer Abkommen – Lazarettschiff „Wilhelm Gustloff"

Station 5: Trumandoktrin und Marshallplan

Aufgabe 1

Erläutere die Begriffe Marshallplan und Trumandoktrin.

Marshallplan: _____

_____

Trumandoktrin: _____

_____

Aufgabe 2

Beantworte die folgenden Fragen.

1. In welchem Zusammenhang stehen der Marshallplan und das deutsche Wirtschaftswunder?
2. Warum lehnten die UdSSR (und weitere osteuropäische Staaten) die Beteiligung am Marshallplan ab?

Aufgabe 3

Die hier abgebildete Karikatur aus dem Jahre 1947 kursierte in den westlichen Besatzungszonen. Interpretiere die Karikatur und berücksichtige dabei folgende Fragestellungen.

1. Wer ist hier dargestellt und welche Symbole werden zur Verdeutlichung welcher Aussage verwendet?

2. Welchen Zwiespalt kann man hieraus für die Zukunft Europas nach 1947 ableiten?

Mirko Szewczuk: „Von dem Onkel dürft ihr nichts annehmen!" (1947)

Station 6

Die Nürnberger Prozesse

Name:

Bei den Nürnberger Prozessen (1945–1949) mussten sich die Hauptkriegsverbrecher vor dem Internationalen Militärgerichtshof verantworten. Bereits 1943 wurde darüber nachgedacht, nach dem Krieg die Hauptverantwortlichen zur Rechenschaft zu ziehen. Im August 1945 wurden schließlich Grundregeln für die Gerichtsverhandlungen erarbeitet.

Aufgabe 1

Nenne die vier Anklagepunkte, die gegen die Hauptkriegsverbrecher erhoben wurden.

Aufgabe 2

Insgesamt wurden 24 nationalsozialistische Täter angeklagt. Es saßen jedoch nicht alle während der Verhandlung auf der Anklagebank: Einige galten als verschollen, verhandlungsunfähig oder begingen Selbstmord. Informiere dich über die folgenden Personen, die gegen sie erhobenen Anklagepunkte und das gesprochene Urteil.

Martin Bormann   Rudolf Heß   Hermann Göring   Franz von Papen

Aufgabe 3

Dem israelischen Geheimdienst Mossad gelang es, weitere Kriegsverbrecher aufzuspüren, die über Spanien nach Südamerika geflohen waren. Recherchiere, um wen es sich dabei handelte.

Station 1: Die Aufteilung Deutschlands in Zonen

Aufgabe

Ordne die folgenden Aussagen den vier Besatzungszonen zu, indem du die Ziffern in die jeweils passende Zone schreibst.

1. Diese Zone war mit 22,7 Millionen Menschen die bevölkerungsreichste Zone.
2. In dieser Zone versuchte man schrittweise, deutsches Verwaltungspersonal und deutsche Politiker stärker einzugliedern.
3. In dieser Zone befanden sich eher wirtschaftlich schwache Gebiete, das Saarland ausgenommen.
4. In dieser Zone waren die politischen Schlüsselpositionen durch Kommunisten besetzt.
5. In dieser Zone wurden zur Beratung der Militärregierung u. a. Vertreter aus den Parteien zugelassen, darunter auch Konrad Adenauer und Kurt Schumacher.
6. Diese Zone war mit 121.000 km² die größte Zone.
7. Diese Zone wurde erst nachträglich aus Teilen der britischen und der amerikanischen Besatzungszone gebildet.
8. Das in der Mitte dieser Zone liegende Berlin wurde in vier Sektoren unterteilt.
9. Diese Besatzungszone umfasste 116.000 km².
10. Diese Zone befand sich im nordwestlichen Teil Deutschlands und hatte eine Größe von 97.000 km².
11. Das Office of Military Government for Germany (OMGUS) befand sich in Frankfurt am Main.
12. Der Sitz der Sowjetischen Militäradministration in Deutschland (SMAD) befand sich in Berlin-Karlshorst.
13. Diese Zone lag an der Grenze zu Frankreich und war mit 39.000 km² die kleinste Zone.

Station 2

Die Gründung der BRD und der DDR

Name:

Aufgabe 1

Sieh dir die folgende Karikatur genau an und beschreibe zunächst, was du siehst. Erläutere anschließend, was diese Karikatur hinsichtlich der Ursachen und Zusammenhänge der Gründung zweier Staaten auf deutschem Boden aussagt.

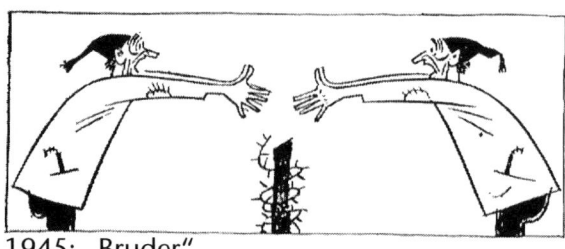

1945: „Bruder"

1955: „Mein lieber Vetter!"

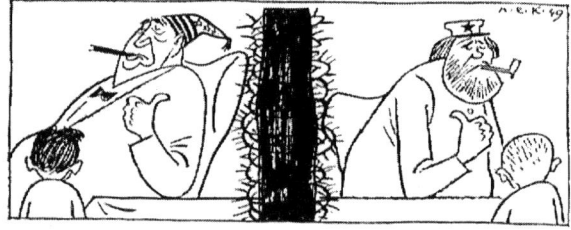

1968: „Ach ja, – wir haben irgendeinen entfernten Verwandten im Ausland ..."

Aufgabe 2

Überlege dir zwei Karikaturen, die die Situation der beiden deutschen Staaten in ihrer Gründungszeit darstellen. Zeichne die Karikaturen und erläutere anschließend deine Zeichnungen kurz.

Station 3

Deutschland im Kalten Krieg

Name:

Aufgabe 1

1. Sieh dir die folgende Karikatur genau an und beschreibe, was du siehst. Erläutere anschließend, was diese Karikatur aussagt. Gehe dabei besonders auf die Rolle Deutschlands ein.
2. Überlege dir, was die drei Figuren sagen könnten. Trage ihre möglichen Äußerungen in die Sprechblasen ein.

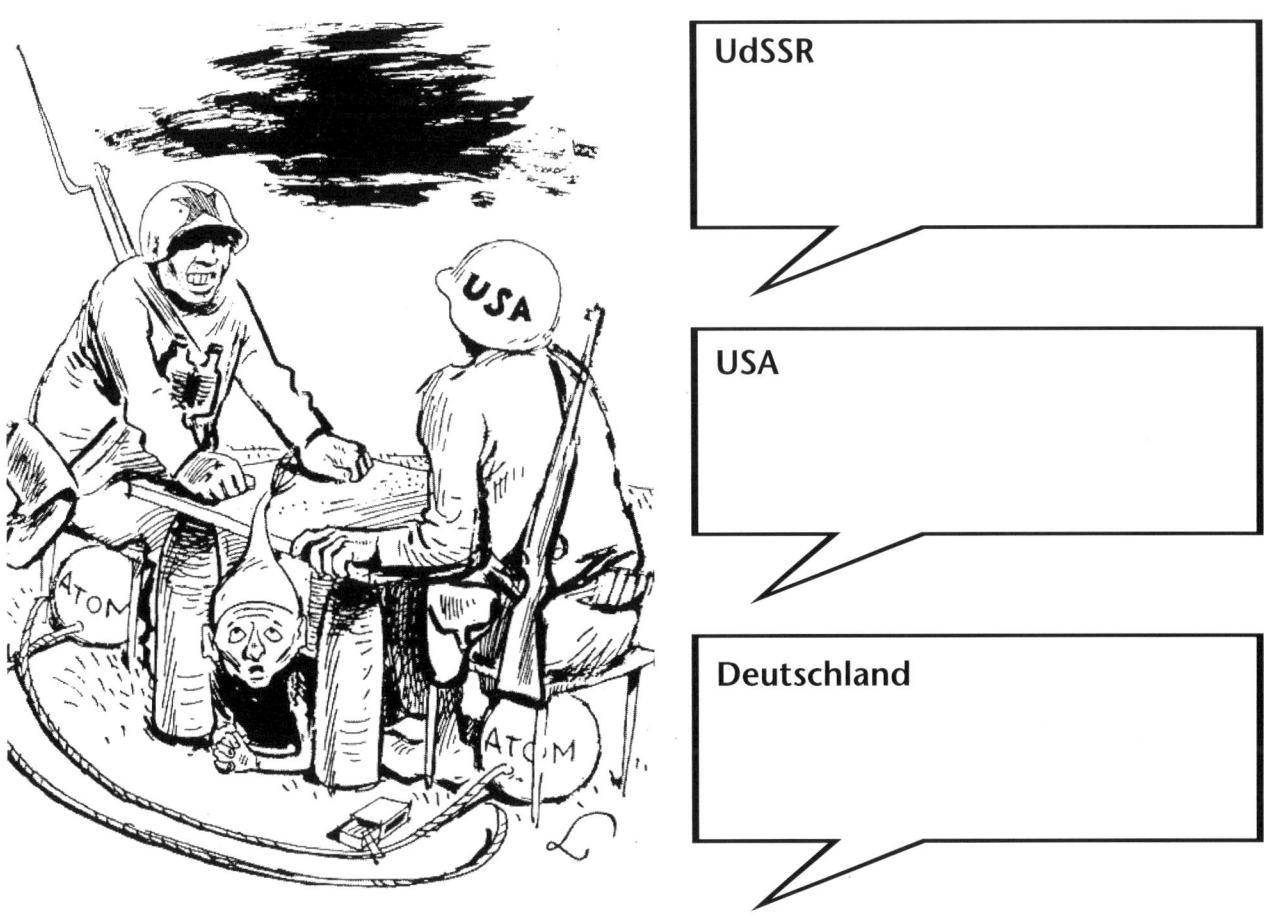

UdSSR

USA

Deutschland

Aufgabe 2

Point Alpha war einer der vier hessischen US-Beobachtungsstützpunkte. Er liegt nahe Fulda an der ehemaligen innerdeutschen Grenze zu Thüringen und gilt als „heißester Punkt im Kalten Krieg". Versuche, zu begründen, weshalb er so bezeichnet wird.

Station 4

NATO versus Warschauer Pakt

Name:

Aufgabe 1

Umkreise in dem folgenden Buchstabensalat die Mitgliedsstaaten des Warschauer Pakts.

DKGHNETXBNIDMIIJNUNGARNFGHTGCVHGSLBGBNFGUSADTEFVKXLHPOLENNN
GUKFDSFIODFNSETZGHBVNFSBVVGHKEWRDSFREUDNCVFRGZAETRNVBJFBHDGGJUB
FGBDDHFSZCGSHCVBSADZVHBNFDBFMRUMAENIENTDHFNGDSGKLLVXXDOFNETIH
LFGJSOWJETUNIONVDEETASNSCHWEIZTZREZDDRHWEVTZAILMOZUISLANDRZDHGT
CHESOTSCHECHOSLOWAKEIGTJEWRTOIPRTIJCUZUUPPOYCBULGARIENTZUAIEI

Aufgabe 2

Finde heraus, welche zwölf Staaten zu den Gründungsmitgliedern der NATO zählen. Zeichne die jeweilige Landesflagge mit Buntstiften in die freien Kästchen und schreibe den Namen des Landes darunter bzw. daneben.

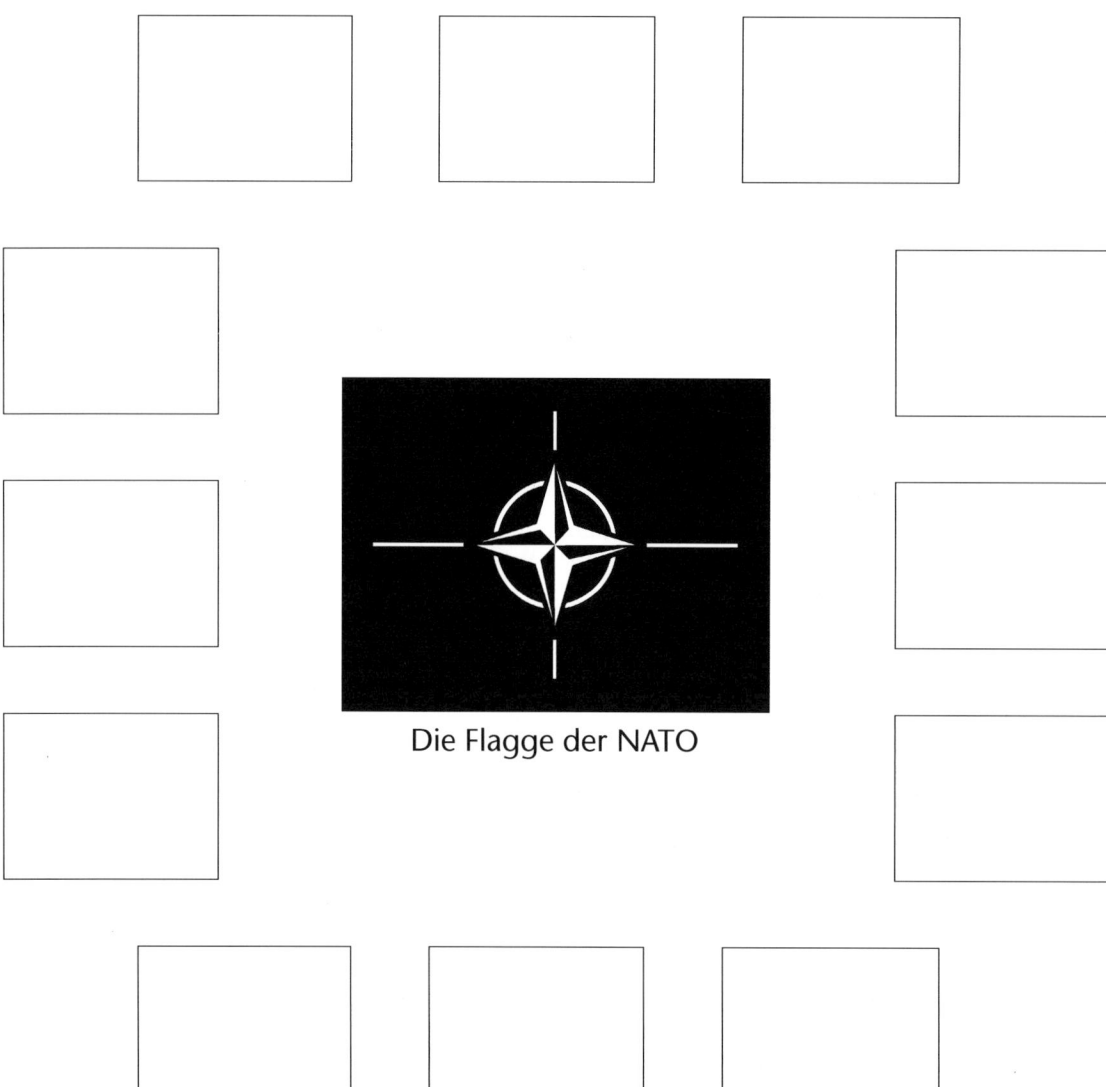

Die Flagge der NATO

Station 5: Luftbrücke und Rosinenbomber

Name:

Aufgabe 1

Trage die richtigen Antworten in das Kreuzworträtsel ein.

Senkrecht

1. Name der US-Luftmaschine, die die Westberliner Bevölkerung versorgte
6. das Luftbrückendenkmal im Berliner Volksmund
8. Hier landeten Wasserflugzeuge der Briten.
9. Abkürzung für die sowjetische Besatzungszone
10. Pilot, der als Erster Süßigkeiten für Berliner Kinder abwarf: Gail …

Waagerecht

2. Spitzname der Versorgungsflugzeuge
3. Militärgouverneur der US-Zone: Lucius D. …
4. Die Berlin-Blockade gilt als erster Höhepunkt im …
5. Die Berlin-Blockade ist die Reaktion auf die westliche …
7. bekannter Berliner Flughafen

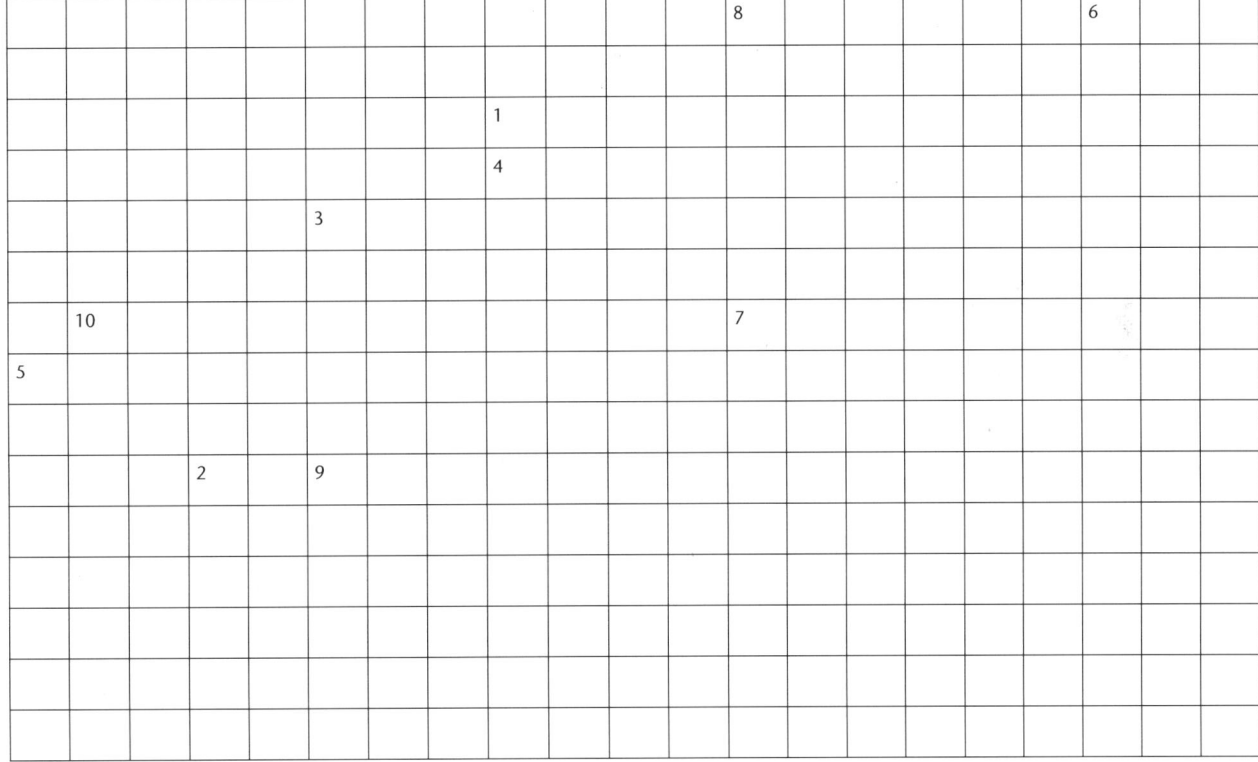

Aufgabe 2

Bearbeite die folgenden Aufgaben.

1. Informiere dich über den Inhalt eines Care-Pakets.

2. Versetze dich in die Lage eines Jugendlichen zur Zeit der Berliner Luftbrücke. Wie könnte er auf die Care-Pakete reagiert haben? Verfasse einen Brief, den er einem Freund schreibt, nachdem er ein Care-Paket erhalten hat.

Station 6

13. August 1961 – Bau der Berliner Mauer

Name:

Aufgabe 1

In der Nacht vom 12. auf den 13. August 1961 wurde die Berliner Mauer gebaut. Wähle aus dem Kasten die Gründe aus, weshalb sich die Ostzone für die Errichtung einer massiven Grenzvorrichtung entschied, und trage sie in die Mauersteine ein.

> Abwanderung von Fachkräften verhindern – Angst vor Kommunisten
> Druck aus dem Westen von Eisenhower (USA) – Lärmschutz
> Einmischung der Westalliierten in Ostsektor – weniger Kontrollstationen nötig
> Spionagezentren des Westens im Osten verhindern – Propagandamittel
> Präventivmaßnahme vor NATO-Kriegserklärung – Druck der UdSSR
> Unterbindung von Kontakten in den Westen – auf Wunsch von Willy Brandt (SPD)
> Vergleich des Lebensstandards erschweren – „antifaschistischer Schutzwall" (SED)
> Schwächung der eigenen Währung durch Westimporte

Aufgabe 2

Noch heute kann man Überreste der Berliner Mauer sehen. Viele dieser Bruchstücke sind gut erhalten und kreativ gestaltet worden. Überlege, was die Künstler dieses hier abgebildeten Mauerstücks mit ihrem Werk vermutlich ausdrücken wollten.

Station 1

Die Deutsche Mark kommt – die Währungsreform

Name:

Aufgabe 1

Am 20. Juni 1948 wurde in den Westzonen die D-Mark als alleiniges Zahlungsmittel eingeführt. Sieh dir die beiden Bilder an und beschreibe, wie sich die Situation durch das neue Geld veränderte.

Aufgabe 2

Die Währungsreform brachte für viele Menschen Vorteile mit sich. Doch nicht alle gehörten zu den Gewinnern. Stelle die Pro- und Contra-Argumente für die Währungsreform in der Tabelle einander gegenüber.

pro	contra

Station 2

Das Grundgesetz

Name: _____

Aufgabe 1

Lies den folgenden Text und setze in die Lücken die jeweils passenden Begriffe ein.

> Mai 1949 – Besatzungsmächte – föderaler – Theodor Heuss – Konrad Adenauer
> Londoner Konferenz – Februar 1948 – Bundespräsidenten – Weimarer

Die drei westlichen _____ (USA, Großbritannien und Frankreich) entschlossen sich, auf ihrem Territorium einen deutschen Staat zu gründen. Im Zuge der _____ im _____ stimmten diesem Vorhaben auch die Benelux-Staaten zu. Zeitgleich mit der Gründung der Bundesrepublik Deutschland wurde auch das Grundgesetz im _____ verabschiedet. Dieses wurde vom Parlamentarischen Rat unter Vorsitz von _____ ausgearbeitet. Dabei versuchte man, die Schwächen und Fehler der _____ Republik zu vermeiden, und man entschied sich, die unveränderlichen Grundrechte als Basis des neuen Staates gleich an den Beginn des Grundgesetzes zu stellen. Besonders eingeschränkt wurde die Macht des _____. Die Bundesrepublik sollte ein Sozial- und Rechtsstaat sein, organisiert auf demokratischer und _____ Basis. Im August 1949, bei der Wahl des ersten Bundestags, wurde Konrad Adenauer zum ersten Bundeskanzler und _____ zum ersten Bundespräsidenten der Bundesrepublik Deutschland gewählt.

Aufgabe 2

Beantworte die folgenden Fragen.

1. Bei der Wahl des ersten Bundestags am 14. August 1949 kam es zu einer Koalitionsregierung. Aus welchen Parteien setzte sie sich zusammen?
2. Welche strukturellen Schwächen hatte die Verfassung der Weimarer Republik, die nun vermieden werden sollten?
3. Die Bundesrepublik Deutschland soll nach föderalen Prinzipien regiert werden. Erläutere, was das bedeutet.

Aufgabe 3

Konrad Adenauer war der Meinung, dass die neue Bundesrepublik auch eine Nationalhymne bräuchte. Erkläre, welche Hymne gewählt wurde und weshalb diese zunächst auf Widerspruch stieß.

Station 3

Die Ära Adenauer

Name:

Aufgabe 1

Konrad Adenauer ist einer der bedeutendsten Politiker der deutschen Nachkriegszeit. Im Folgenden findest du seinen tabellarischen Lebenslauf, in den sich jedoch einige kleine Fehler und Lücken eingeschlichen haben. Korrigiere die Fehler und ergänze die fehlenden Informationen und Jahreszahlen.

5.01.1876	Geburt Adenauers in _____
_____	Wahl zum Oberbürgermeister der Stadt Köln
19.02.1933	Adenauer weigert sich, Adolf Hitler zu einer Wahlkampfrede zu empfangen, und lässt Hakenkreuzflaggen in seiner Stadt entfernen. Daraufhin wird er als Oberbürgermeister abgesetzt.
4.05.1945	Wiedereinsetzung als Oberbürgermeister durch die *sowjetische* Militärregierung
22.01.1946	Adenauer wird zum 1. Vorsitzenden der neugegründeten *SPD* in der britischen Besatzungszone gewählt.
_____	Wahl zum 1. Bundeskanzler der BRD mit nur einer Stimme Mehrheit
22.11.1949	Adenauer unterzeichnet das Petersberger Abkommen, in dem eine teilweise Einstellung der Industriedemontagen und eine Wiedereingliederung der BRD in internationale Organisationen vereinbart wurde.
15.03.1951	Adenauer wird zusätzlich Außenminister. Er vertritt eine starke Westorientierung der jungen Bundesrepublik.
18.04.1951	Unterzeichnung des Vertrags über die Montanunion (Europäische Gemeinschaft für _____ und _____)
24.09.1951	Bei den Verhandlungen zur Schaffung einer Europäischen Verteidigungsgemeinschaft (EVG) tritt Adenauer für die Wiederbewaffnung der BRD ein. Er scheitert aber an der Ablehnung Frankreichs.
10.09.1952	Unterzeichnung des *Liechtensteiner Abkommens* Versöhnungsangebot an den Staat Israel
_____	Unterzeichnung der Pariser Verträge Adenauer erreicht die vollständige Souveränität der BRD.
9.09.1955	Moskaureise Adenauers Er erreicht die Freilassung der letzten ca. 10.000 deutschen Kriegsgefangenen.
Juli 1962	Staatsbesuch in Frankreich Nach Gesprächen mit Charles de Gaulle kommt es zur offiziellen Versöhnung beider Staaten.
23.06.1963	Adenauer empfängt Präsident *Obama* in Berlin.
_____	Adenauer stirbt in Röhndorf (nahe Bonn).

Aufgabe 2

Trotz vieler außenpolitischer Erfolge wurde Konrad Adenauer bezüglich seiner Deutschlandpolitik kritisiert. Diese war gekennzeichnet durch eine konsequente Westorientierung, die ihren Höhepunkt in der sogenannten Hallstein-Doktrin fand. Informiere dich über diese Doktrin und fasse deren wesentliche Aussagen kurz zusammen.

Station 4

Die Verfassung der BRD

Aufgabe 1

Beschreibe mithilfe des Schemas, wie die Verfassung der Bundesrepublik Deutschland laut Grundgesetz aufgebaut ist.

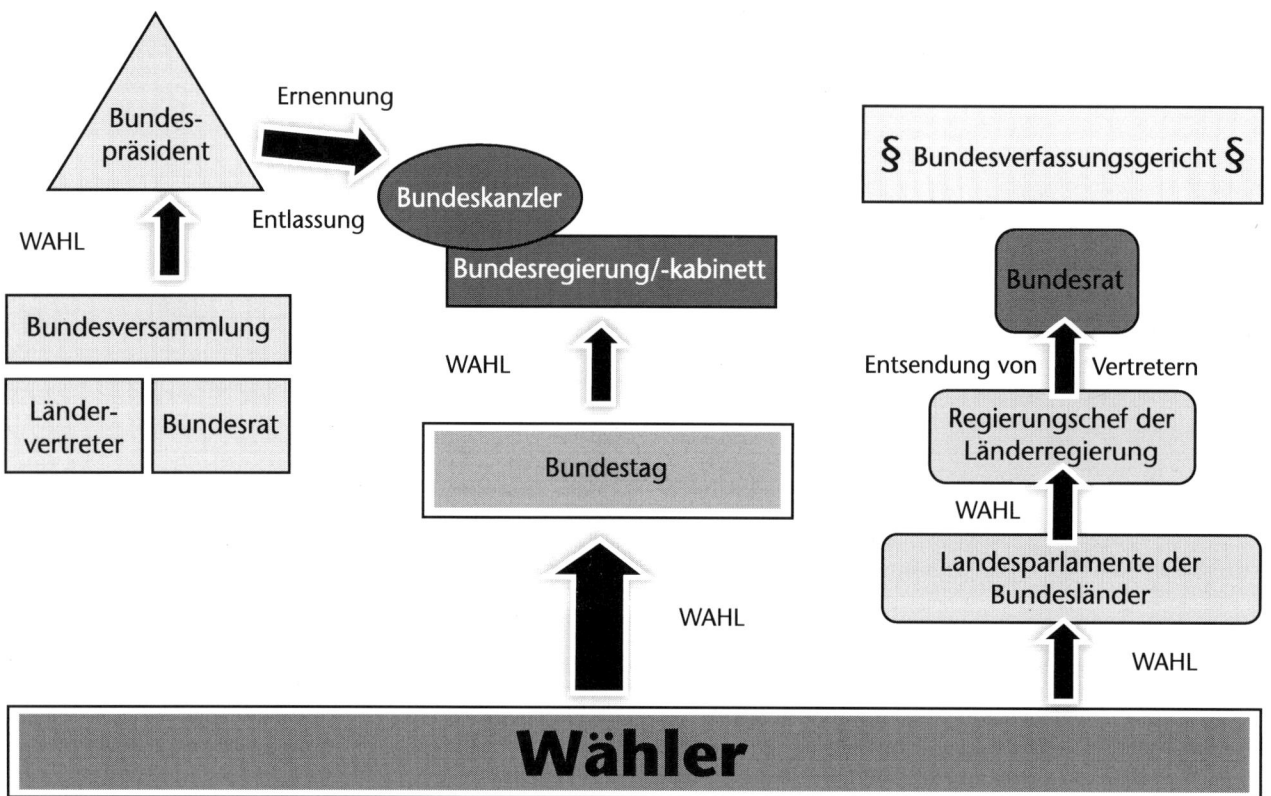

Aufgabe 2

Beantworte die folgenden Fragen mithilfe des Schemas.

1. Was ist eine repräsentative Demokratie?
2. Wo ist eine direkte bzw. indirekte Beteiligung der Bevölkerung erkennbar?
3. Nenne die fünf Verfassungsorgane der Bundesrepublik Deutschland.

Station 5

Das Wirtschaftswunder

Name:

Aufgabe 1

Lies den folgenden Auszug des Liedes vom Wirtschaftswunder und bearbeite die Aufgaben. Höre dir gegebenenfalls ein Hörbeispiel an.

Lied vom Wirtschaftswunder

Die Straßen haben Einsamkeitsgefühle
Und fährt ein Auto, ist es sehr antik
Nur ab und zu mal klappert eine Mühle
Ist ja kein Wunder nach dem verlorenen Krieg
Aus Pappe und aus Holz sind die Gardinen
Den Zaun bedeckt ein Zettelmosaik
Wer rauchen will, der muss sich selbst bedienen
Ist ja kein Wunder nach dem verlorenen Krieg

Einst waren wir mal frei
Nun sind wir besetzt
Das Land ist entzwei
Was machen wir jetzt?
Jetzt kommt das Wirtschaftswunder
Jetzt kommt das Wirtschaftswunder
Jetzt gibt's im Laden Karbonaden schon
und Räucherflunder
Jetzt kommt das Wirtschaftswunder
Jetzt kommt das Wirtschaftswunder
Der deutsche Bauch erholt sich auch und ist
schon sehr viel runder

Jetzt schmeckt das Eisbein wieder in Aspik
Ist ja kein Wunder nach dem verlorenen Krieg
Man muss beim Autofahren nicht mehr mit
Brennstoff sparen
Wer Sorgen hat, hat auch Likör und gleich in
hellen Scharen
Die Läden offenbaren uns wieder Luxuswaren
Die ersten Nazis schreiben fleißig ihre Memoiren
Denn den Verlegern fehlt es an Kritik
Ist ja kein Wunder nach dem verlorenen Krieg
Ist ja kein Wunder nach dem verlorenen Krieg

Text: Günter Neumann

1. Markiere in dem Liedtext die Veränderungen, die es in Deutschland im Zuge des Wirtschaftswunders gab.
2. Erläutere die Intention, die der Verfasser mit seinem Lied verfolgt.
3. Nenne Gründe, weshalb es nach der entbehrungsreichen Nachkriegszeit plötzlich zu einem „Wirtschaftswunder" kommen konnte.

Aufgabe 2

Der ehemalige Bundeswirtschaftsminister Ludwig Erhard gilt vielfach als „Vater des deutschen Wirtschaftswunders". Recherchiere, wie es zu dieser Bezeichnung kam und überlege, ob dieser Ehrentitel deiner Meinung nach gerechtfertigt ist.

Station 6

Das Wunder von Bern

Name:

„Aus dem Hintergrund müsste Rahn schießen. Rahn schießt – Tor! Tor! Tor!" ist der wohl bekannteste Fußballkommentar der Fußballweltmeisterschaft von 1954 in Bern, wenn nicht sogar aller Zeiten. Nicht einmal zehn Jahre nach dem Krieg schafft die junge deutsche Mannschaft um Kapitän Fritz Walter das scheinbar Unmögliche: den Gewinn des Weltmeistertitels.

Aufgabe 1

Beschreibe die Alltagssituation der Menschen in Deutschland im Jahr 1954.

Aufgabe 2

Am 8. Mai 1945 kapitulierte das nationalsozialistische Deutschland – Weltanschauungen und Rituale haben jedoch ein größeres Beharrungsvermögen. Ein mulmiges Gefühl ging vielen durch den Bauch, als nach dem Abpfiff des Fußballfinales 1954 die Zuschauer die erste Strophe des Deutschlandliedes sangen. Die ehemalige deutsche Nationalhymne war nach Ende des Zweiten Weltkrieges von den Militärregierungen der Alliierten offiziell verboten worden.
Darf man in einer solchen Situation stolz sein auf seine Nation und sich über den Sieg der deutschen Mannschaft freuen? Wie sollte man seine Gefühle zum Ausdruck bringen? Verfasse einen kurzen Kommentar und begründe deine Meinung.

Aufgabe 3

Kleines WM-54-Quiz: Ordne den Informationen der linken Seite den jeweils passenden Begriff der rechten Seite zu.

Doppeltorschütze im Finale: Helmut …	UNGARN
Rundfunk-Reporter in Bern: Herbert …	RAHN
Stadion des Endspiels in Bern: …-stadion	WANKDORF
Gegner der deutschen Mannschaft im Endspiel	ZIMMERMANN
Gastgeberland der WM '54	REGEN
Fritz-Walter-Wetter	HERBERGER
Neue Schraubstollen für die deutsche Mannschaft von der Firma …	SCHWEIZ
Trainer der deutschen Nationalmannschaft: Sepp …	ADIDAS

Station 7: Von Halbstarken und Backfischen

Das Deutschland der Nachkriegszeit veränderte sich nicht nur wirtschaftlich und politisch. Auch gesellschaftlich und kulturell tat sich einiges. Gerade die Jugend empfing die westlichen Besatzer mit offenen Armen und nahm sich deren Lebensstil, v. a. den „American Way of Life", zum Vorbild.

Aufgabe 1

Vergleiche die Jugendgruppen auf den Bildern (ca. 1935 und ca. 1955) miteinander. In welchen Merkmalen unterscheiden sie sich?

Aufgabe 2

Erläutere die Begriffe Halbstarke und Backfische.

Halbstarke: _____

_____

Backfische: _____

_____

Aufgabe 3

Beschreibe, wie das aufblühende Wirtschaftswunder die Neuorientierung der Jugend verstärkte.

Station 8
Rock 'n' Roll und neue Freiheit

Name:

Coca-Cola, Jeans und Elvis Presley brachten in den 1950er Jahren ein neues Lebens- und Freiheitsgefühl aus den USA nach Deutschland. Die Filme mit den Schauspielern Marlon Brando und James Dean ließen die Mädchenherzen höherschlagen und Zeitschriften wie die BRAVO fanden reißenden Absatz. Eine neue Generation trat im öffentlichen Lebens Deutschlands auf den Plan: die Jugend!

Aufgabe 1

Dass sich die Jugend an amerikanischen Vorbildern orientierte, war zunächst vor allem in der Bundesrepublik Deutschland der Fall. Informiere dich, ob es ähnliche Strömungen in der DDR gab und wie dort damit umgegangen wurde.

Aufgabe 2

Zeitgleich vollzog sich eine Veränderung der traditionellen Frauenrolle. Der Film „Attack of the 50ft Woman" (USA 1958) zeigt das neue Selbstverständnis der Frau.

1. Beschreibe das Filmplakat und erläutere das darin zum Ausdruck gebrachte Frauenbild.
2. Erläutere die Gefahr, die viele Männer in der neuen Frauenrolle sahen.
3. Vergleiche die Rolle der Frau gegen Ende der 50er Jahre mit der Rolle der Frau im nationalsozialistischen Deutschland.

Aufgabe 3

Gerade in den Filmen mit James Dean wird der zunehmende Konflikt mit der Elterngeneration deutlich. Jugendliche versuchten schließlich, vor allem in der Musik ihren eigenen Weg fern des Wohlstandsmiefs und des kleinbürgerlichen Lebens zu finden.

Entwirf mit deinem Partner ein Streitgespräch zwischen einer Tochter bzw. einem Sohn und einem Elternteil und notiert es. Die folgenden Stichpunkte können euch als Anregung dienen.

Sohn/Tochter: Lässigkeit, Besatzer als Freunde, Freizeit, Genuss, Jugend ausleben, neue Möglichkeiten nutzen, neues Selbstbewusstsein usw.

Vater/Mutter: strenge Erziehung, Erleben des Krieges, Besatzer als Feinde, Disziplin und Ordnung, gute Schulleistung, fleißig, Arbeit usw.

Station 9: APO und Studentenbewegung – die 68er

Aufgabe 1

APO ist die Abkürzung für Außerparlamentarische Opposition. Beschreibe, inwieweit sich die Außerparlamentarische Opposition von einer innerparlamentarischen Opposition unterscheidet.

Aufgabe 2

Rudi Dutschke war einer der führenden Köpfe der Studentenbewegung der 1960er Jahre und der APO. Beschreibe kurz, welche Position Dutschke vertrat. Verwende hierfür die Ich-Form.

Aufgabe 3

Die 68er-Bewegung kritisierte das politische System und die gesellschaftlichen Traditionen der BRD. Verfasse hierzu einen kurzen Sachtext. Verwende hierfür folgende Begriffe.

Studenten – Benno Ohnesorg – Bild-Zeitung – Schah von Persien

Vietnam – Kommune I – Struktur der Universitäten

Wertewandel – Generationenkonflikt

Station 10

Die RAF – Terrorismus in Deutschland

Name:

Aufgabe 1

Im Folgenden findest du eine Chronologie des Terrorismus der Roten Armee Fraktion (RAF) in Deutschland. Ergänze die fehlenden Daten und Ereignisse.

Februar 1970	Andreas Baader und Gudrun Ensslin treffen auf Ulrike Meinhof.
4.04.1970	Andreas Baader wird verhaftet.
14.05.1970	Die Gruppe um Ulrike Meinhof befreit Andreas Baader bei einem Freigang.
_____	Die Bezeichnung „Rote Armee Fraktion" (RAF) wird erstmals öffentlich verwendet.
06.–08.1970	militärische Ausbildung von RAF-Mitgliedern in _____
29.09.1970	_____: zeitgleicher Überfall auf drei Banken
11.05.1972	Bombenanschlag auf US-Hauptquartier des V. Corps der US-Armee in Frankfurt
19.05.1972	Bombenanschlag auf das Verlagshaus _____
Juni 1972	Verhaftung der RAF-Gründer und weiterer Anhänger
17.01.1973	Beginn des ersten kollektiven _____
24.04.1975	Die 2. Generation der RAF überfällt die bundesdeutsche Botschaft in Stockholm.
_____	Beginn der Stammheimer Prozesse
9.05.1976	Selbstmord Ulrike Meinhofs in ihrer Zelle
7.04.1977	Mord an Generalbundesanwalt Siegfried _____
_____	Entführung des Arbeitgeberpräsidenten Hanns Martin Schleyer
13.10.1977	Entführung der Lufthansamaschine „_____"
_____	GSG 9 befreit die Geiseln der „Landshut" in Mogadischu. Baader, Ensslin und Raspe begehen Selbstmord in ihren Zellen.
31.08.1981	Ein Bombenlastwagen explodiert im US-Luftwaffenstützpunkt Ramstein.
_____	Die Nachrichtenagentur Reuters verkündet die Auflösung der RAF.
6.07.2012	Verurteilung der Ex-Terroristin Verena Becker zu vier Jahren Haft wegen Beihilfe am Buback-Mord

Aufgabe 2

Die Geschichte der RAF lässt sich in drei Generationen einteilen. Recherchiere, in welchen Zeiträumen die jeweiligen Generationen aktiv waren und inwieweit sie sich voneinander unterscheiden.

Aufgabe 3

Diskutiere mit einem Partner, ob man, wie im Fall Verena Becker, noch Jahrzehnte nach den Anschlägen der RAF gerichtlich gegen die Beteiligten vorgehen sollte. Begründet eure Meinung jeweils.

Station 1

Stalinismus

Name:

Josef Stalin war nach Lenin der maßgebliche Diktator der Sowjetunion im 20. Jahrhundert. Nach Ende des Zweiten Weltkrieges verhandelte er gemeinsam mit den Westalliierten über eine Neuordnung Deutschlands. Seine Vorstellungen von der Entwicklung eines deutschen Staates unterschieden sich jedoch grundlegend von denen der westalliierten Mächte.

Aufgabe 1

Informiere dich über Stalins Biografie und notiere die wichtigsten Fakten.

Aufgabe 2

Informiere dich darüber, was sich in der Sowjetunion nach dem Tod Lenins (1924) unter der Regierung Stalins veränderte. Erläutere dabei besonders die Vorgänge der sogenannten Säuberungen sowie die Begriffe Totalitarismus und Kolchose.

Säuberung: _____

_____

Totalitarismus: _____

_____

Kolchose: _____

_____

Aufgabe 3

Recherchiert und diskutiert in Partnerarbeit, welche Rolle der Begriff Stalinismus in der ehemaligen DDR spielte und inwieweit er den Aufbau eines sozialistischen Regimes beeinflusste.

Stalinismus in der Sowjetunion	Stalinismus in der DDR

Station 2: Sozialismus – Wie funktioniert der neue Staat?

Name: _____

Aufgabe 1
Definiere den Begriff Sozialismus.

Aufgabe 2
Setze in den folgenden Lückentext die jeweils passenden Begriffe ein.

> SED – Bauern – fünf Jahre – Arbeiter – Ministerrat – Sozialismus
> Volkskammer – Zentralkomitee – Warschauer Pakt

Nach Artikel 1 der DDR-Verfassung von 1974 ist die Deutsche Demokratische Republik ein sozialistischer Staat der _____ und _____. Die Bürger durften alle _____ wählen, doch nur die Parteien, die auf der Einheitsliste standen. Auf dieser Liste standen nur Parteien, die sich zum _____ bekannten und den Führungsanspruch der marxistisch-leninistischen _____ akzeptierten. Die von den Bürgern gewählten Vertreter bildeten die _____. Diese fasste 500 Mitglieder. Die Volkskammer wählte schließlich das Oberste Gericht, den Generalstaatsanwalt und den _____. Ebenso konnte sie Vorsitzende bestimmen, die in den Nationalen Verteidigungsrat berufen wurden. Während Westdeutschland der NATO angehörte, war die DDR Mitglied im _____. Über allem stand die SED, die die DDR durch den Staatsrat und das _____ diktatorisch regierte.

Aufgabe 3
Diskutiere mit deinem Partner die folgenden Fragen.
1. Kann man die Wahlen in der DDR als demokratische Wahlen bezeichnen?
2. Welches Problem entsteht durch das System der Einheitsliste?
3. Besaß die DDR eine der BRD vergleichbare Gewaltenteilung?

Station 3: Planwirtschaft versus Soziale Marktwirtschaft

Name:

Aufgabe 1

In den beiden deutschen Staaten wurden in den 1950er Jahren unterschiedliche Wirtschaftssysteme eingeführt. Während die BRD auf die Soziale Marktwirtschaft setzte, wurde in der DDR das Prinzip der Planwirtschaft verfolgt. Stelle die Merkmale der beiden Systeme einander gegenüber und ziehe anschließend ein Fazit, welches System deiner Meinung nach produktiver ist.

Planwirtschaft	Soziale Marktwirtschaft

Fazit

Aufgabe 2

Recherchiere, welche Mittel die SED einsetzte, um die Arbeiter und Bauern zur Arbeit zu motivieren. Nimm dabei auch Bezug auf die Auszeichnung „Held der Arbeit".

Station 4

17. Juni 1953 – Aufstand in der DDR

Name:

Was mit kleinen Protesten in Ostberlin begann, breitete sich bald über die gesamte DDR aus. Die Aufstände wurden von der SED als ein vom Westen organisierter faschistischer Putschversuch dargestellt und mithilfe sowjetischer Streitkräfte blutig niedergeschlagen.

Aufgabe

Versetze dich in die Lage eines Ostberliner Journalisten der Gegenwart. Du erhältst den Auftrag, einen historischen Bericht über den 17. Juni 1953 zu verfassen.

Dabei sollst du

- den Ursachen auf den Grund gehen,
- die Beweggründe der Aufständischen nennen
- sowie die Rolle der SED und der UdSSR beleuchten.

Versuche außerdem, ein mögliches Urteil der westdeutschen Bevölkerung herauszuarbeiten. Die Abbildungen können dir bei deinem Auftrag helfen.

Station 5: Sigmund Jähn – der Kosmonaut

Name:

Aufgabe 1

Informiere dich über Sigmund Jähn und schreibe eine Kurzbiografie über ihn.

Aufgabe 2

In der ehemaligen DDR wurden strahlende Vorbilder wie Sigmund Jähn zu Helden des Sozialismus stilisiert. Überlege dir, wie diese Menschen damit umgegangen sind. Wie hat dies ihr eigenes Leben sowie das Leben der anderen DDR-Bürger beeinflusst?

Aufgabe 3

Forschungen aus dem Jahr 2005 ergaben, dass Sigmund Jähn heute nur noch knapp 5 % der westdeutschen und rund 60 % der ostdeutschen Bevölkerung bekannt ist. Nimm Stellung dazu, warum der erste Deutsche im Weltall keinen höheren Bekanntheitsgrad erfährt.

Aufgabe 4

Informiere dich über den Kosmonauten Eberhard Köllner. Recherchiere, weshalb er nicht ins All fliegen durfte und stattdessen Sigmund Jähn ausgewählt wurde. Halte deine Ergebnisse in Form eines Tagebucheintrags fest. Beschreibe darin auch, wie Eberhard Köllner persönlich damit umging. Schreibe in der Ich-Perspektive.

Station 6

Sparwasser trifft – BRD geschlagen!

Name:

In vielen Bereichen konkurrierten die beiden deutschen Staaten miteinander: Wer verzeichnete den größeren technischen Fortschritt? Wessen Wirtschaft war die produktivere? Aber auch: Wer stellte die besten Sportler?

Aufgabe 1

Am 22. Juli 1974 trafen die Nationalmannschaften beider deutscher Staaten bei der Fußballweltmeisterschaft aufeinander. Die DDR gewann mit 1:0.

Verfasse eine Schlagzeile sowie einen passenden Untertitel für die DDR-Zeitung „Neues Deutschland". Die Schlagzeile und der Untertitel sollten den sportlichen Erfolg sowie mögliche politische Auswirkungen dieses Ereignisses beschreiben.

Aufgabe 2

Das entscheidende Tor bei diesem Spiel schoss der Fußballspieler Jürgen Sparwasser. Informiere dich über seine Biografie und seinen persönlichen Umgang mit der Instrumentalisierung als „Held der DDR".

Aufgabe 3

Recherchiere nach weiteren erfolgreichen Sportlern / Trainern, die zwar Erfolge in der Deutschen Demokratischen Republik feiern konnten, aber dennoch die Möglichkeit nutzten, in den Westen zu fliehen.

Station 7

Der Staat ist überall

Name:

Recherchiere im Internet über das Ministerium für Staatssicherheit und trage zusammen, welche Aufgaben das Ministerium hatte und wie es arbeitete.

Aufgaben und Arbeitsweise des Ministeriums für Staatssicherheit

Aufgabe 2

Lies den folgenden Stasi-Witz und erörtere seine Intention.

> Stasi-Beamter auf der Straße: „Wie beurteilen Sie die politische Lage?"
> Passant: „Ich denke ..."
> Stasi-Beamter: „Das genügt – Sie sind verhaftet!"

Aufgabe 3

Diskutiere mit deinem Partner, welche Aufgaben ein Geheimdienst für euch haben sollte und worin seine Grenzen liegen sollten. Verbindet eure Erkenntnisse mit dem erworbenen Wissen über die Staatssicherheit der DDR.

Station 8

Jugend im Sozialismus

Name:

Aufgabe 1

Das Leben der Jugendlichen in der DDR unterschied sich in vielen Aspekten von dem der Gleichaltrigen in der BRD. Markiere die Begriffe, die typisch für die DDR-Jugendkultur sind, und erläutere sie anschließend kurz.

- Jugendweihe
- FDJ
- Jukebox
- Professor Flimmrich
- BRAVO
- Zetti Bambina
- Coca-Cola

Aufgabe 2

Die Freie Deutsche Jugend (FDJ) wird häufig mit der Hitlerjugend (HJ) auf eine Stufe gestellt. Sieh dir die beiden Fotos der FDJ und der HJ genau an und nimm mithilfe der beiden Fotos Stellung zur Vergleichbarkeit von FDJ und HJ. Suche Gemeinsamkeiten und Unterschiede. Recherchiere außerdem im Internet nach weiteren Einschätzungen.

FDJ	HJ
Merkmale:	*Merkmale:*

Die Deutsche Demokratische Republik

38

Station 9: Ostrock – ein Zeichen gegen das System

Name:

Aufgabe 1

In der DDR wurden zahlreiche Bands und deren Liedtexte zensiert.

1. Welchen Inhalt hatten diese Texte? Notiere deine Überlegungen.
2. Recherchiere, wie sich die Bands organisiert haben und wo sie aufgetreten sind.

Aufgabe 2

Die ostdeutsche Band „City" singt in ihrem Lied „Halb und Halb" folgenden Satz:

„Im halben Land und der zerschnittenen Stadt, halbwegs zufrieden mit dem, was man hat. Halb und halb."

Was könnte damit gemeint sein?

Aufgabe 3

Einige Künstler wollten die DDR verlassen, durften jedoch nicht ausreisen. Viele riskierten bei einem Fluchtversuch sogar ihr Leben.

Der Musiker Wolf Biermann wollte in der DDR bleiben, durfte nach einer Konzerttournee im Westen jedoch nicht wieder einreisen. Schreibe eine Kurzbiografie über Wolf Biermann aus der Ich-Perspektive und begründe, weshalb er ein Einreiseverbot erhielt.

Station 1
Neue Ostpolitik unter Willy Brandt

Name:

Aufgabe 1

Vervollständige die Übersicht zur neuen Ostpolitik unter Bundeskanzler Willy Brandt.

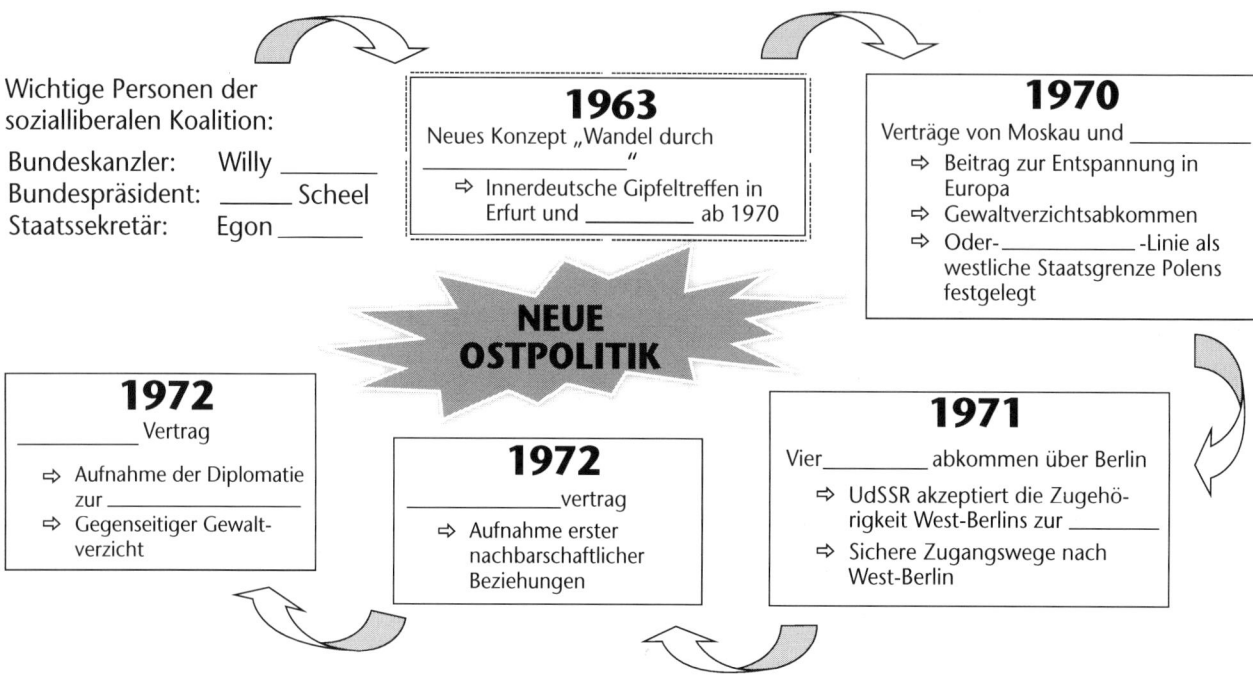

Wichtige Personen der sozialliberalen Koalition:

Bundeskanzler: Willy _____
Bundespräsident: _____ Scheel
Staatssekretär: Egon _____

1963
Neues Konzept „Wandel durch _____"
⇨ Innerdeutsche Gipfeltreffen in Erfurt und _____ ab 1970

1970
Verträge von Moskau und _____
⇨ Beitrag zur Entspannung in Europa
⇨ Gewaltverzichtsabkommen
⇨ Oder-_____-Linie als westliche Staatsgrenze Polens festgelegt

NEUE OSTPOLITIK

1972
_____Vertrag
⇨ Aufnahme der Diplomatie zur _____
⇨ Gegenseitiger Gewaltverzicht

1972
_____vertrag
⇨ Aufnahme erster nachbarschaftlicher Beziehungen

1971
Vier_____abkommen über Berlin
⇨ UdSSR akzeptiert die Zugehörigkeit West-Berlins zur _____
⇨ Sichere Zugangswege nach West-Berlin

Aufgabe 2

Willy Brandt erhielt 1971 den Friedensnobelpreis für seine Politik der Entspannung und Versöhnung mit den osteuropäischen Staaten. Ein besonderes Zeichen setzte er bei seinem Kniefall während der Kranzniederlegung für die Opfer des Warschauer Ghettos 1970. Nach einer anschließenden Umfrage der Zeitschrift „Der Spiegel" ergab sich folgendes Meinungsbild:

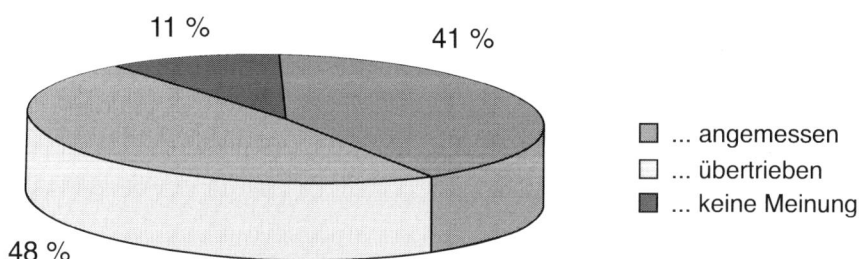

- … angemessen
- … übertrieben
- … keine Meinung

1. Überlege, wie sich dieses Ergebnis erklären lässt.
2. Notiere deine eigene Meinung zu Brandts Ostpolitik.

Station 2

Flucht aus der DDR (1)

Name:

Aufgabe 1

Lies den folgenden Zeitungsartikel. Informiere dich anschließend über den Hintergrund und das Resultat des Fluchtversuchs per Heißluftballon. Schreibe den Zeitungsartikel zu Ende.

Mit Heißluft in die Freiheit

Gegen halb ein Uhr nachts laden Peter Strelzyk und sein Freund Günter Wetzel auf einer Waldlichtung beim ostdeutschen Pößneck nahe der thüringisch-bayerischen Grenze ihre Materialien aus dem Anhänger des kleinen Wartburg: die 100 Kilo schwere Ballonhülle, den Flammenwerfer, mehrere Propangasflaschen und die selbstgeschweißte Gondel. Das Westradio hatte starken Wind aus Norden gemeldet – optimal für ihren verwegenen Plan. Die beiden Männer breiten die Ballonhülle aus, füllen sie mit einem selbstgebauten Gebläse mit Luft und werfen den Flammenwerfer an, der aus mehreren Propangasflaschen gespeist wird. Heiße Luft strömt in die Hülle, langsam richtet der Ballon sich auf …

einestages, SPIEGEL ONLINE, 16.09.2009,
http://www.spiegel.de/einestages/ballonflucht-aus-der-ddr-a-948504.html

Aufgabe 2

Obwohl sich die DDR-Bürger der Gefahren eines Fluchtversuchs bewusst waren, versuchten viele ihr Glück Richtung Westen.

1. Recherchiere weitere spektakuläre Fluchtversuche.

2. Gab es auch legale Wege, die DDR zu verlassen?

3. Wie wurden die Flüchtlinge im Westen aufgenommen?

Station 2

Flucht aus der DDR (2)

Name:

Aufgabe 3

Die Flucht aus der DDR war häufig lebensgefährlich. Die Grenzen waren gut gesichert, besonders an der Berliner Mauer gab es umfangreiche Sicherungsanlagen. Setze in den folgenden Lückentext die jeweils passenden Begriffe ein.

> Lichtmasten – Postentürme – Kontrollstreifen – Kfz-Sperrgraben
> Signalzaun – Kolonnenstreifen – Stolperdrähte – Wachhunden

Die DDR-Flüchtlinge hatten an der Grenze als erstes Hindernis eine hohe Hinterlandmauer zu überwinden. Diese war als _____ eingerichtet, sie stand unter elektrischer Spannung und löste bei Berührung sofort Alarm aus. Ebenso verursachten die folgenden _____ bei Kontakt Alarmsignale. An der Berliner Mauer befanden sich dort zusätzlich Laufanlagen mit _____ zur doppelten Absicherung. Anschließend folgte ein _____ _____, der den patrouillierenden Wachmännern eine schnelle Fortbewegung ermöglichen sollte. Um eine Flucht mit gepanzerten Lastkraftwagen oder Autos zu verhindern, schloss sich ein _____ an. Neben einigen Bunkern gab es unzählige _____ zur besseren Beobachtung. Unterstützt wurden diese von _____ _____ speziell für nächtliche Fluchtversuche. Kurz vor der Berliner Mauer befand sich ein _____, auf dem zusätzliche Einsatzkräfte positioniert waren, die durchaus bereit waren, zu schießen.

Aufbau der Grenzanlagen um West-Berlin in den 1980er Jahren

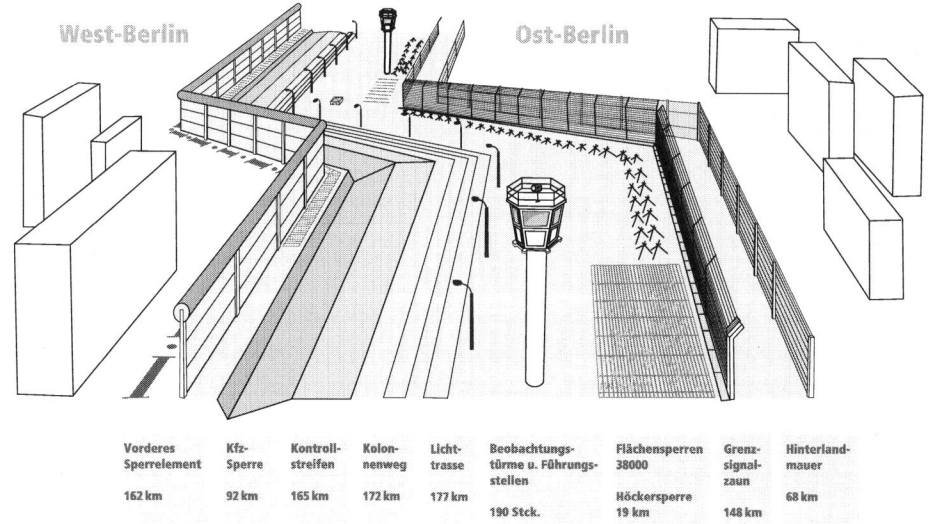

Station 3: Auf gute Nachbarschaft – der Grundlagenvertrag

Aufgabe 1

Recherchiere im Internet über den Grundlagenvertrag von 1972 und trage die wesentlichen Bestimmungen des Vertrags in Stichworten zusammen.

Bestimmungen des Grundlagenvertrags

Aufgabe 2

Staatssekretär Egon Bahr war ein klarer Befürworter des Grundlagenvertrags, vor allem im Sinne einer Wiederannäherung der beiden deutschen Staaten. Dennoch sagte er:

> „Bisher hatten wir keine Beziehungen, jetzt werden wir schlechte haben – und das ist der Fortschritt!"

1. Erläutere seine These in eigenen Worten.
2. Die Opposition der BRD sah den Vertrag kritisch und viele Menschen in der DDR protestierten. Erörtere die Hintergründe.
3. Diskutiere mit Blick auf die Überschrift der Station „Auf gute Nachbarschaft – der Grundlagenvertrag", ob man hier von einem wichtigen Schritt hin zur Wiedervereinigung sprechen kann.

Station 4: „Wir sind das Volk!" – eine friedliche Revolution (1)

Name: _____

Aufgabe 1

Entscheidende Einflüsse für den Wandel in der DDR gingen von der neuen Reformpolitik Michail Gorbatschows aus. Dabei waren zwei Schlagworte von großer Bedeutung. Definiere die Begriffe Glasnost und Perestroika.

Glasnost: _____

_____

Perestroika: _____

_____

Aufgabe 2

Die Rufe „Wir sind das Volk!" und „Gorbi, Gorbi" dominierten die Montagsdemonstrationen, bei denen Hunderttausende DDR-Bürger auf die Straße gingen. Überlege, warum man hierbei von einer friedlichen Revolution spricht.

Aufgabe 3

Ergänze die fehlenden Daten und Ereignisse. Trage anschließend die Ereignisse in der richtigen Reihenfolge in die Zeitleiste (nächste Seite) ein.

_____	Rücktritt Erich Honeckers
_____	Auflösung des SED-Zentralkomitees
_____	Massenflucht über Ungarn
_____	Beginn der Montagsdemonstrationen in Leipzig
_____	Zwei-plus-Vier-Verträge
_____	Fall der Berliner Mauer
12.06.1987	_____
3.10.1990	_____
_____	Helmut Kohl wird erster gesamtdeutscher Kanzler
_____	Paraden und Proteste beim 40. Jahrestag der DDR
19.01.1989	_____

Station 4

„Wir sind das Volk!" – eine friedliche Revolution (2)

Name:

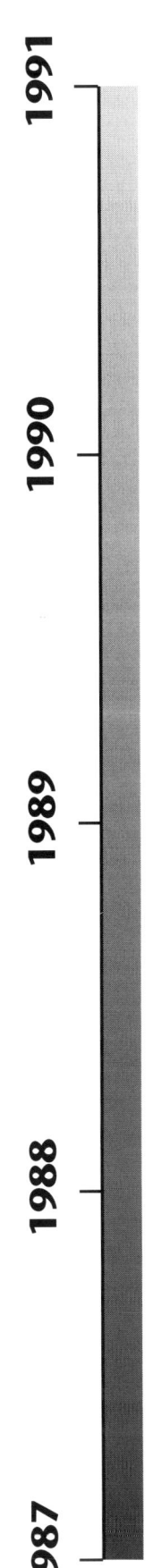

Annäherung und Wiedervereinigung

Station 5

„Wir sind ein Volk!" – der Fall der Mauer

Name:

Aufgabe

Versetze dich in die Lage eines ostdeutschen Journalisten und schreibe einen Artikel über die Ereignisse der letzten Monate vor der Wende bis zur offiziellen Deutschen Einheit am 3. Oktober 1990. Verfasse dazu eine Schlagzeile, die für die deutsche Einheit steht. Die folgenden Zitate und Fotos können dir dabei helfen.

„Die Mauer wird in 50 und auch in 100 Jahren noch bestehen bleiben, wenn die dazu vorhandenen Gründe noch nicht beseitigt worden sind!"
Erich Honecker

„Mr. Gorbatchev, open this gate. Mr. Gorbatchev, tear down this wall!"
Ronald Reagan

Station 6

Die deutsche Einheit – Freude und Herausforderung

Name:

Aufgabe 1

In der Nacht des Mauerfalls war die Freude bei den Deutschen riesengroß und die Wiedervereinigung fast beschlossene Sache. Doch auf die anfängliche Euphorie folgte bald Ernüchterung. Mit welchen Problemen hatte Deutschland nun zu kämpfen? Markiere die zutreffenden Stichpunkte und erläutere, was damit gemeint ist.

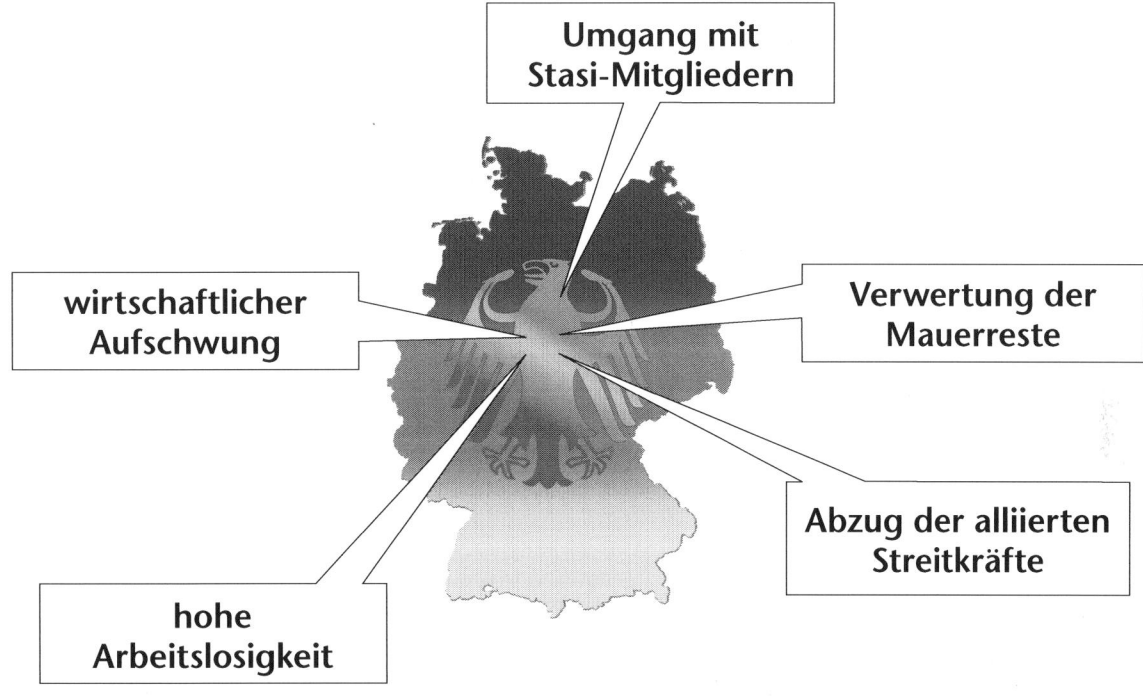

- Umgang mit Stasi-Mitgliedern
- wirtschaftlicher Aufschwung
- Verwertung der Mauerreste
- Abzug der alliierten Streitkräfte
- hohe Arbeitslosigkeit

Aufgabe 2

Welche Reaktionen gab es im umliegenden Ausland auf die deutsche Einheit?

Station 7: Bundeskanzler Kohl und der Zehn-Punkte-Plan

Name:

Aufgabe 1

Bringe die einzelnen Stationen im Leben des ehemaligen Bundeskanzlers Helmut Kohl in die richtige Reihenfolge, indem du die Daten mit den jeweiligen Ereignissen verbindest.

1930	Eheschließung mit Hannelore Kohl (geb. Renner)
1946	Kohl erhält das Großkreuz des Verdienstordens der BRD mit Lorbeerkranz.
1960	Eintritt in die CDU
1969–1976	Kohl stellt seinen Zehn-Punkte-Plan vor.
1982	Kohl verliert die Bundestagswahl gegen Gerhard Schröder (SPD).
1987	Helmut Kohl wird zum fünften Mal zum Bundeskanzler gewählt.
2.12.1990	Kohl wird 6. Bundeskanzler der jungen BRD.
Nov. 1994	Treffen und wirtschaftliche Vereinbarungen mit Erich Honecker auf dem Boden der BRD
Sept. 1998	Geburt Helmut Kohls in Ludwigshafen
Okt. 1998	Ministerpräsident von Rheinland-Pfalz

Aufgabe 2

Helmut Kohl legte einige Wochen nach der Öffnung der innerdeutschen Grenze einen Vorschlag vor, wie die deutsche Einheit schrittweise erreicht werden könne. Erläutere anhand des Schemas seinen Zehn-Punkte-Plan.

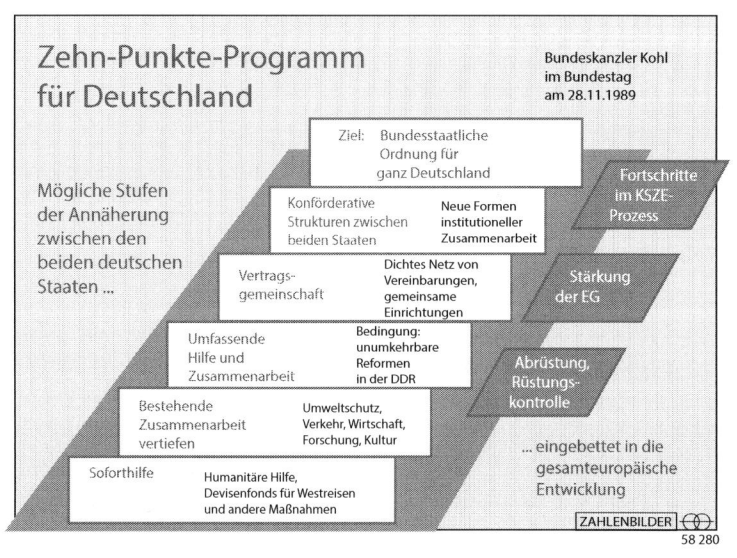

Annäherung und Wiedervereinigung

Station 8

Die Wiedervereinigung

Name:

Aufgabe 1

Bis es am 3. Oktober 1990 zur deutschen Wiedervereinigung kam, waren viele einzelne Schritte nötig. Bringe die Ereignisse in die richtige chronologische Reihenfolge. Trage die jeweiligen Ziffern sowie ein Stichwort in die Kästen ein.

1. Abbau von Grenzzäunen Ungarns zu Österreich → Viele DDR-Bürger nutzen dies als Fluchtweg.
2. Günter Schabowski verkündet die offizielle Genehmigung zur Ausreise aus der DDR. → Fall der Mauer
3. Einigungsvertrag → Berlin wird fortan Hauptstadt.
4. Tag der Deutschen Einheit → Der 3. Oktober wird offizieller Nationalfeiertag.
5. Zehn-Punkte-Plan von Bundeskanzler Helmut Kohl → Wiedervereinigung erstmals Ziel der politischen Verhandlungen
6. Zwei-plus-Vier-Vertrag: Staatsvertrag als Grundstein für die Wiedervereinigung
7. Beschluss zur Auflösung der Stasi → Demokratische Volkskammerwahl → SED nicht länger Einheitspartei
8. Ostverträge von Willy Brandt und Walter Scheel in den 70er Jahren führen zur Normalisierung des Verhältnisses von BRD und DDR.
9. Neue Reformen in den Ostblockstaaten durch Kreml-Oberhaupt Gorbatschow
10. Wachsende Oppositionsbewegungen in der DDR → Montagsdemonstrationen

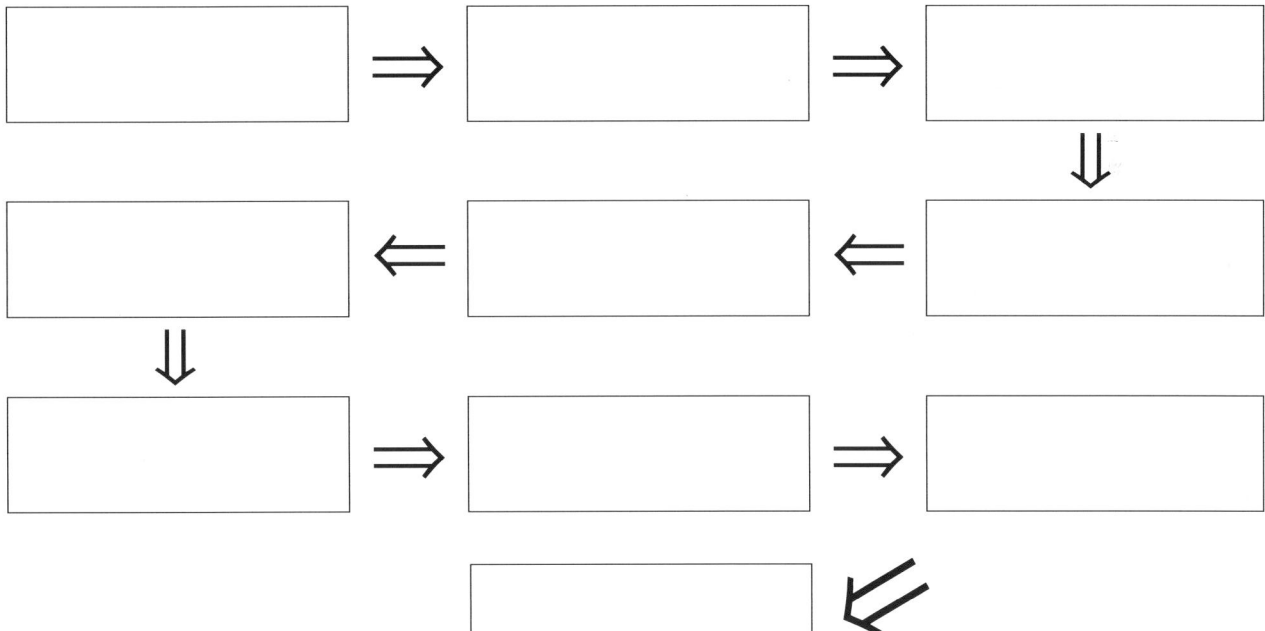

Aufgabe 2

Versetze dich in die Lage eines DDR-Bürgers kurz nach der Wiedervereinigung. Du hast regelmäßig die Nachrichten verfolgt und an Demonstrationen teilgenommen. Nun möchte ein Verwandter aus dem Westen Deutschlands erfahren, wie du die Umbrüche wahrgenommen hast. Schreibe einen Brief, in dem du deine Eindrücke schilderst.

Station 9

Name:

Ungleichheit trotz Einheit?

Aufgabe 1

Viele Menschen in Ostdeutschland standen nach der Wende-Euphorie der Anfangszeit vor Problemen und unerfüllten Hoffnungen. Überlege, welche Probleme und unerfüllte Hoffnungen dies sein könnten.

Aufgabe 2

Vergleiche mithilfe der Statistiken, wie sich die Situation der ehemaligen DDR-Bürger im Laufe der letzten Jahre verändert hat. Überlege mögliche Gründe für die Veränderungen.

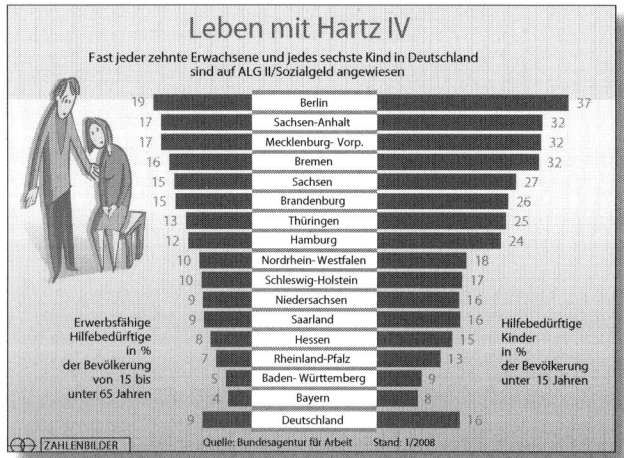

Stand: 2008

Stand: 2023

Stand: 2010

Stand: 2022

Annäherung und Wiedervereinigung

Station 1: Der Schwarzmarkt boomt — Seite 9

1. **Hamsterfahrt:** Menschen fuhren auf das Land hinaus und versuchten, ihren restlichen Besitz gegen Essbares zu tauschen.
   Schulspeisung: In einigen Gemeinden organisierten Schulen Grundnahrungsmittel für ihre Schüler.
   fringsen: Kardinal Frings (Köln) redete offen darüber, dass das Nehmen / Stehlen lebensnotwendiger Dinge berechtigt sei, wenn dies das eigene Überleben sichere.

2. Im Hintergrund sind Ruinen von Gebäuden zu sehen. Eine Familie versucht, mit ihrem Hab und Gut eine Bleibe zu finden (oder auch brauchbare Überreste auf den Wagen zu laden). Alle, ob groß oder klein, müssen ihren Beitrag dazu leisten.

3. Lösung individuell

Station 2: Stille Heldinnen – die Trümmerfrauen — Seite 10

1. 1. Die Frauen erhielten für ihre körperliche Schwerstarbeit eine höhere Einstufung bei der Verteilung von Lebensmitteln.
   2. Viele Frauen mussten diese schwere Arbeit tun, da ihre Männer entweder im Krieg gefallen, in Gefangenschaft geraten waren oder als vermisst galten.

2. Lösung individuell

3. Lösung individuell

Station 3: Die Potsdamer Konferenz — Seite 11

1. **Stalin:** Aufteilung des deutschen Kriegsgeräts, Reparationsleistungen, deutsche Gebiete an Oder und Neiße
   Truman: Entnazifizierung, Entmilitarisierung und Demokratisierung in Deutschland, Einrichtung einer Friedenskonferenz
   Attlee: schloss sich im Grunde Trumans Vorstellungen an

2. **politisch:** Einrichtung eines Alliierten Kontrollrats, Grundsätze für die Behandlung der Deutschen in den Zonen; Alliierte Regierungsgewalt, Auflösung der NSDAP, Verhaftung der Kriegsverbrecher, Demokratisierung
   wirtschaftlich: Abrüstung, Entmilitarisierung, Reparationsleistungen
   territorial: Oder-Neiße-Linie als Westgrenze Polens, Überführung der deutschen Bevölkerung aus Polen und Tschechien, Königsberg und Ostpreußen unter Sowjet-Verwaltung

3.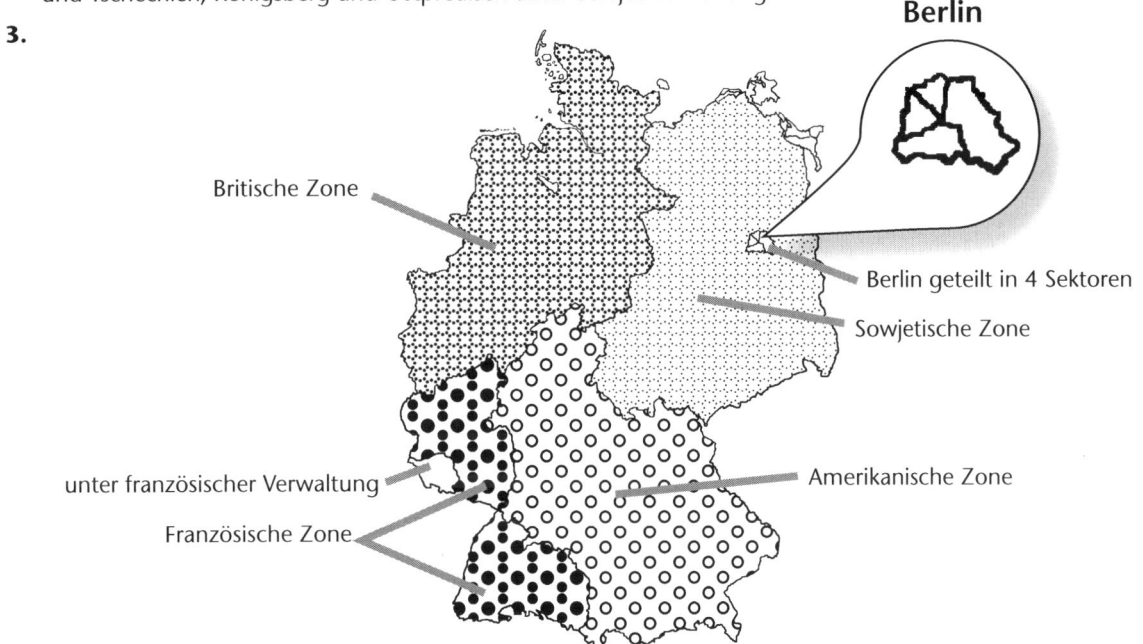

Station 4: Flucht und Vertreibung der Deutschen — Seite 12

1. 1. Die Flüchtlingsströme kamen hauptsächlich aus dem Osten Europas. Aus Furcht vor der Rache der russischen Armee versuchten viele Trecks, möglichst weit ins Landesinnere Deutschlands vorzustoßen. Die meisten Flüchtlinge kamen aus der UdSSR, Polen, Tschechoslowakei, Ungarn, Rumänien und Jugoslawien, aber auch aus der freien Reichsstadt Danzig und den baltischen Gebieten. Zahlenmäßig wesentlich geringer fiel der Zustrom an Menschen aus Westeuropa und Übersee aus.

2. Die neuen Gäste wurden häufig nur ungern aufgenommen. Man sah sie vielerorts nicht als Deutsche an und erschwerte ihnen somit die Integration. Viele gelernte Arbeiter und Handwerker konnten nicht in ihren alten Beruf zurückkehren oder wurden nur als Saisonarbeiter eingestellt und lebten so am Rande des Existenzminimums.

3. „Sudetendeutsche" ist eine andere Bezeichnung für die Volksgruppe der Deutschböhmen. Der Name geht auf das Sudeten Riesengebirge im heutigen Tschechien zurück. Aus diesem Teil der damaligen Tschechoslowakei, den Deutschland nach 1945 wieder abtreten musste, wurden die Sudetendeutschen vertrieben. Einige Straßennamen erinnern an ihre Neuansiedlung.

2. Lösung individuell

Station 5: Trumandoktrin und Marshallplan — Seite 13

1. Der **Marshallplan** ist ein Wiederaufbauprogramm der USA, das ab 1948 innerhalb eines Zeitraums von vier Jahren das vom Krieg zerstörte Europa durch Kredite und Rohstoffe schrittweise restaurieren sollte. Namensgeber war der damalige US-Außenminister George C. Marshall. Durch den Marshallplan konnte eine anfangs befürchtete Weltwirtschaftskrise verhindert werden.
Die **Trumandoktrin** besagt, dass die USA allen freien Völkern und Minderheiten auf der Welt zukünftig beistehen wird, wenn diese in ihren Rechten unterdrückt oder diskriminiert werden.

2. 1. Durch die Hilfeleistungen des Marshallplans konnte sich die deutsche Wirtschaft relativ schnell wieder erholen. Im Gegensatz zur russischen Besatzungsmacht waren die Amerikaner sehr beliebt bei den Deutschen. Kredite und materielle Zuschüsse kurbelten so die Produktion der Wirtschaft wieder an.

2. Die UdSSR befürchtete, durch diese Diplomatie ihren Führungsanspruch sowie ihre Besatzungszone zu verlieren. Daher lehnte sie jegliche Zusammenarbeit ab und etablierte in ihren Gebieten das russische Modell. Die anderen osteuropäischen Staaten fürchteten den Druck der UdSSR und stellten sich daher hinter die russische Regierung.

3. 1. Die Karikatur stellt symbolisch die zwei großen Besatzungsblöcke dar: den Westen im Vordergrund und den Osten mit Stalin verbildlicht im Hintergrund (rechts). Während der Westen von den Amerikanern reich beschenkt und behütet wird (symbolisiert durch die Handbewegung und das Körbchen), muss der Osten nach der Nase Stalins tanzen (verdeutlicht durch den erhobenen Zeigefinger und die gesenkten Blicke).

2. Die beiden Blöcke wenden sich dezidiert voneinander ab und versuchen, ihre jeweilige Besatzungszone (hier durch neugierige Kinder dargestellt) auf ihre Seite zu ziehen. Die ungleiche Behandlung durchzieht mehrere Ebenen und festigt so die Blockbildung West-Ost, welche im Kalten Krieg ihren Höhepunkt findet.

Station 6: Die Nürnberger Prozesse — Seite 14

1. 1. gemeinsamer Plan oder Verschwörung, 2. Verbrechen gegen den Frieden, 3. Kriegsverbrechen, 4. Verbrechen gegen die Menschlichkeit

2. - **Martin Bormann** (Leiter der Parteikanzlei): Anklagepunkte 1, 3 und 4; schuldig gesprochen in 3 und 4; Tod durch den Strang
   - **Rudolf Heß** (Stellvertreter Hitlers in der NSDAP): Anklagepunkte 1–4; schuldig gesprochen in 1 und 2; lebenslange Haft
   - **Hermann Göring** (Reichsmarschall): Anklagepunkte 1–4; schuldig gesprochen in allen Punkten; Tod durch den Strang
   - **Franz von Papen** (ehemaliger Reichskanzler): Anklagepunkte 1 und 2; als nicht schuldig eingestuft; Freispruch

3. 1960 gelang es dem Mossad, Adolf Eichmann in Argentinien aufzuspüren. Eichmann wurde daraufhin in Israel vor Gericht gestellt und hingerichtet. Vermutet wird zudem, dass der Mossad auch das Versteck von Josef Mengele, dem „Todesengel von Auschwitz", kannte, aber bewusst nicht zugriff, um den laufenden Prozess gegen Eichmann nicht zu gefährden.

Station 1: Die Aufteilung Deutschlands in Zonen — Seite 15

USA: 2, 9, 11
UdSSR: 4, 6, 8, 12
GB: 1, 5, 10
F: 3, 7, 13

Station 2: Die Gründung der BRD und der DDR — Seite 16

1. Nach dem Kriegsende von 1945 diskutierten die Siegermächte über eine Neuordnung Europas und die Zukunft Deutschlands. Auf deutschem Gebiet entstanden vier Besatzungszonen: die Zonen der USA, Frankreichs und Großbritanniens im Westen und die Zone der UdSSR im Osten. Während die westlichen Alliierten in den meisten Punkten übereinstimmten und eine gemeinsame Verwaltung ihrer Zonen etablierten, verfolgte die UdSSR mit ihrer Zone zunehmend ihren eigenen Kurs. Die Ursachen lagen in der mangelnden Diplomatiefähigkeit, Differenzen über den wirtschaftlichen Wiederaufbau, gerechtfertigten Reparationsforderungen sowie in der Angst vor einem möglichen Machtverlust gegenüber dem Westen. So wurde auf deutschem Boden zwei getrennten Staaten der Weg geebnet.
2. Lösung individuell

Station 3: Deutschland im Kalten Krieg — Seite 17

1. 1. Die Karikatur verdeutlicht die angespannte Situation im Kalten Krieg. Die Blockbildung im Ost-West-Konflikt bekommt auch das geteilte Deutschland zu spüren, hier symbolisch als deutscher Michel dargestellt. Er verkriecht sich mit zum Gebet gefalteten Händen unter dem Tisch, da er im Grunde keine reelle Chance hat, die beiden Atommächte USA und UdSSR zu besänftigen.

   2. Lösung individuell

2. Point Alpha lag im Zentrum der NATO-Verteidigungslinie nahe Fulda. Ihm gegenüber standen entsprechende Beobachtungsstützpunkte des Warschauer Pakts. Er war der erste Beobachtungspunkt, der errichtet wurde. Die Betitelung als „heißester Punkt im Kalten Krieg" geht auf die direkte Observationslinie zurück. Kampfhandlungen waren an dieser Stelle nicht vorgesehen.

Station 4: NATO versus Warschauer Pakt — Seite 18

1.
```
DKGHNETXBNIDMIIJNUNGARNFGHTGCVHGSLBGBNFGUSADTEFVKXLHPOLENN
GUKFDSFIODFNSETZGHBVNFSBVVGHKEWRDSFREUDNCVFRGZAETRNVBJFBHDGGJUB
FGBDDHFSZCGSHCVBSADZVHBNFDBFMRUMAENIENTDHFNGDSGKLLVXXDOFNETIH
LFGJSOWJETUNIONVDEETASNSCHWEIZTREZDDRHWEVTZAILMOZUISLANDRZDHGT
CHESOTSCHECHOSLOWAKEIGTJEWRTOIPRTIJCUZUUPPOYCBULGARIENTZUAIEI
```

2. Italien, Island, Belgien, Dänemark, Frankreich, Norwegen, Portugal, USA, Großbritannien, Luxemburg, Niederlande, Kanada

Station 5: Luftbrücke und Rosinenbomber — Seite 19

1.

										⁸H				⁶H		
										A				U		
							¹S			V				N		
						⁴K	A	L	T	E	N	K	R	I	E	G
					³C	L	A	Y		L				E		
							M							R		
		¹⁰H					A			⁷T	E	M	P	E	L	H	O	F
⁵W	A	E	H	R	U	N	G	S	R	E	F	O	R	M		
		L					T							A		
		V		²R	O	⁹S	I	N	E	N	B	O	M	B	E	R
		O				B								K		
		R				Z								E		
		S														
		E														
		N														

2. 1. In einem Standard-Carepaket waren u. a. 1 Pfund Rindfleisch in Kraftbrühe, 1 Pfund Steaks, ½ Pfund Leber, ½ Pfund Corned Beef, ½ Pfund Speck, 2 Pfund Margarine, 1 Pfund Schweineschmalz, 2 Pfund Zucker, 1 Pfund Honig, 1 Pfund Schokolade, 1 Pfund Aprikosen-Konserven, ½ Pfund Eipulver, 2 Pfund Vollmilch-Pulver, 2 Pfund Kaffee, 1 Pfund Rosinen

2. Lösung individuell

Station 6: 13. August 1961 – Bau der Berliner Mauer — Seite 20

1. Abwanderung von Fachkräften verhindern, Einmischung der Westalliierten in Ostsektor, Spionagezentren des Westens im Osten verhindern, Präventivmaßnahme vor NATO-Kriegserklärung, Unterbindung von Kontakten in den Westen, Vergleich des Lebensstandards erschweren, Druck der UdSSR, „antifaschistischer Schutzwall" (SED), Schwächung der eigenen Währung durch Westimporte

2. Lösung individuell

Station 1: Die Deutsche Mark kommt – die Währungsreform — Seite 21

1. Die neue Währung verlieh den Menschen Kaufkraft. Über Nacht gab es plötzlich wieder volle Läden, die Waren waren zuvor an anderen Orten sicher aufbewahrt worden. Durch die Währungsreform verschwand der Schwarzmarkt, gleichzeitig führte sie jedoch zu einem Anstieg der Arbeitslosigkeit. Grund- und Sachwertbesitzer gehörten zu den Gewinnern der Reform. Die Besitzer von Sparguthaben und Bargeld erlitten jedoch starke Einbußen.

2. - **pro**: breites Warenangebot, keine Preiskontrolle, keine Rationierungen, stabiles Fundament für den Marshallplan, Ankurbelung der Wirtschaft
   - **contra**: Wertverlust bei Sparguthaben, Preisanstieg, Stagnation des Lohnniveaus, Anstieg der Arbeitslosigkeit

Station 2: Das Grundgesetz — Seite 22

1. Die drei westlichen Besatzungsmächte (USA, Großbritannien und Frankreich) entschlossen sich, auf ihrem Territorium einen deutschen Staat zu gründen. Im Zuge der Londoner Konferenz im Februar 1948 stimmten diesem Vorhaben auch die Benelux-Staaten zu. Zeitgleich mit der Gründung der Bundesrepublik Deutschland wurde auch das Grundgesetz im Mai 1949 verabschiedet. Dieses wurde vom Parlamentarischen Rat unter Vorsitz von Konrad Adenauer ausgearbeitet. Dabei versuchte man, die Schwächen und Fehler der Weimarer Republik zu vermeiden, und man entschied sich, die unveränderlichen Grundrechte als Basis des neuen Staates gleich an den Beginn des Grundgesetzes zu stellen. Besonders eingeschränkt wurde die Macht des Bundespräsidenten. Die Bundesrepublik sollte ein Sozial- und Rechtsstaat sein, organisiert auf demokratischer und föderaler Basis. Im August 1949, bei der Wahl des ersten Bundestags, wurde Konrad Adenauer zum ersten Bundeskanzler und Theodor Heuss zum ersten Bundespräsidenten der Bundesrepublik Deutschland gewählt.

2. 1. Die Koalitionsregierung setzte sich aus CDU/CSU, FDP und DP zusammen.

   2. Die Verfassung der Weimarer Republik räumte dem Reichspräsidenten sehr viel Macht ein. Vor allem Artikel 48 der Verfassung, der Notverordnungs- und Diktaturparagraf, gestand ihm in Krisensituationen das Recht zu, durch den Einsatz des Militärs und das Außerkraftsetzen von Grundrechten die öffentliche Ordnung wiederherzustellen. Nun aber hatte der Bundespräsident vor allem repräsentative Aufgaben. Zudem verhinderte eine 5-Prozent-Klausel bei Wahlen den Einzug zu vieler kleiner Parteien in den Bundestag, die die Regierung schwächen konnten. Das Bundesverfassungsgericht konnte nun entscheiden, ob Parteien verfassungswidrig sind und sie ggf. verbieten.

   3. Föderalismus bedeutet, dass die Bundesländer eine gewisse Eigenständigkeit und staatliche Kompetenz haben (z. B. in der Bildungspolitik), aber im Zusammenschluss als Gesamtstaat gelten.

3. In der amerikanischen Zone wurden nach dem Krieg sämtliche Hymnen und Lieder aus der Nazizeit verboten. Zwar wurde im Grundgesetz eine Bundesflagge festgelegt, eine einheitliche Hymne jedoch nicht. Adenauer veranlasste daher 1950 bei seinem ersten Besuch als Kanzler in Berlin das Singen der dritten Strophe des Deutschlandlieds von August Heinrich Hoffmann von Fallersleben, welche im Dritten Reich verboten war. Dieses eigenmächtige Vorgehen sorgte für Schlagzeilen, vor allem im Ausland fürchtete man eine erneut aufstrebende nationale Gesinnung. Adenauer konnte aber seine Entscheidung glaubwürdig vertreten und seine Kritiker beschwichtigen. Bundespräsident Heuss erklärte daraufhin die dritte Strophe des Deutschlandlieds zur Nationalhymne.

Station 3: Die Ära Adenauer — Seite 23

1.

5.01.1876	Geburt Adenauers in <u>Köln</u>
<u>1917</u>	Wahl zum Oberbürgermeister der Stadt Köln
19.02.1933	Adenauer weigert sich, Adolf Hitler zu einer Wahlkampfrede zu empfangen, und lässt Hakenkreuzflaggen in seiner Stadt entfernen. Daraufhin wird er als Oberbürgermeister abgesetzt.
4.05.1945	Wiedereinsetzung als Oberbürgermeister durch die <u>amerikanische</u> Militärregierung
22.01.1946	Adenauer wird zum 1. Vorsitzenden der neugegründeten <u>CDU</u> in der britischen Besatzungszone gewählt.
<u>19.09.1949</u>	Wahl zum 1. Bundeskanzler der BRD mit nur einer Stimme Mehrheit
22.11.1949	Adenauer unterzeichnet das Petersberger Abkommen, in dem eine teilweise Einstellung der Industriedemontagen und eine Wiedereingliederung der BRD in internationale Organisationen vereinbart wurde.
15.03.1951	Adenauer wird zusätzlich Außenminister. Er vertritt eine starke Westorientierung der jungen Bundesrepublik.
18.04.1951	Unterzeichnung des Vertrags über die Montanunion (Europäische Gemeinschaft für <u>Kohle</u> und <u>Stahl</u>)
24.09.1951	Bei den Verhandlungen zur Schaffung einer Europäischen Verteidigungsgemeinschaft (EVG) tritt Adenauer für die Wiederbewaffnung der BRD ein. Er scheitert aber an der Ablehnung Frankreichs.
10.09.1952	Unterzeichnung des <u>Luxemburger Abkommens</u> Versöhnungsangebot an den Staat Israel
<u>1955</u>	Unterzeichnung der Pariser Verträge Adenauer erreicht die vollständige Souveränität der BRD.
9.09.1955	Moskaureise Adenauers Er erreicht die Freilassung der letzten ca. 10.000 deutschen Kriegsgefangenen.
Juli 1962	Staatsbesuch in Frankreich Nach Gesprächen mit Charles de Gaulle kommt es zur offiziellen Versöhnung beider Staaten.
23.06.1963	Adenauer empfängt Präsident <u>John F. Kennedy</u> in Berlin.
<u>19.04.1967</u>	Adenauer stirbt in Röhndorf (nahe Bonn).

2. Adenauer wird dahingehend kritisiert, dass er sich nicht intensiv um eine Angliederung der Ostzone an die BRD bemüht habe. Vielmehr versuchte er, einen Alleinvertretungsanspruch der Bundesrepublik vor der DDR durchzusetzen.

Station 4: Die Verfassung der BRD — Seite 24

1. Lösung individuell

2. 1. Bei einer repräsentativen Demokratie geht formal zwar alle Staatsgewalt vom Volk aus, im Gegensatz zur direkten Demokratie wird es hier jedoch durch Abgeordnete vertreten. Sie werden auf Zeit gewählt und vertreten die Interessen ihrer Wähler im Parlament und bei der Gesetzgebung.

   2. Die Bürger können alle vier Jahre direkt Abgeordnete ihres Wahlkreises in den Bundestag und in das Landesparlament wählen. Eine indirekte Beteiligung besteht darin, dass die gewählten Repräsentanten im Bundestag die Bundesregierung mit Bundeskanzler wählen. Außerdem bilden sie die Bundesversammlung, in der der Bundespräsident bestimmt wird.

   3. Bundestag, Bundesrat, Bundespräsident, Bundesregierung, Bundesverfassungsgericht

Station 5: Das Wirtschaftswunder — Seite 25

1. 1.

   Lied vom Wirtschaftswunder

   Die Straßen haben Einsamkeitsgefühle
   Und fährt ein Auto, ist es sehr antik
   Nur ab und zu mal klappert eine Mühle
   Ist ja kein Wunder nach dem verlorenen Krieg
   Aus Pappe und aus Holz sind die Gardinen
   Den Zaun bedeckt ein Zettelmosaik
   Wer rauchen will, der muss sich selbst bedienen
   Ist ja kein Wunder nach dem verlorenen Krieg

   Einst waren wir mal frei
   Nun sind wir besetzt
   Das Land ist entzwei
   Was machen wir jetzt?
   Jetzt kommt das Wirtschaftswunder
   Jetzt kommt das Wirtschaftswunder
   Jetzt gibt's im Laden Karbonaden schon und Räucherflunder
   Jetzt kommt das Wirtschaftswunder
   Jetzt kommt das Wirtschaftswunder
   Der deutsche Bauch erholt sich auch und ist schon sehr viel runder

   Jetzt schmeckt das Eisbein wieder in Aspik
   Ist ja kein Wunder nach dem verlorenen Krieg
   Man muss beim Autofahren nicht mehr mit Brennstoff sparen
   Wer Sorgen hat, hat auch Likör und gleich in hellen Scharen
   Die Läden offenbaren uns wieder Luxuswaren
   Die ersten Nazis schreiben fleißig ihre Memoiren
   Denn den Verlegern fehlt es an Kritik
   Ist ja kein Wunder nach dem verlorenen Krieg
   Ist ja kein Wunder nach dem verlorenen Krieg

   2. Zu Beginn des Liedes stellt der Verfasser die ärmlichen Lebensbedingungen im Nachkriegsdeutschland dar. Satirisch versucht er, in den folgenden Strophen die Veränderungen im Zuge des Wirtschaftswunders aufs Korn zu nehmen. Dabei kritisiert er den Kaufrausch der Deutschen, v.a. die Jagd auf Luxusartikel, den verschwenderischen Umgang damit und die Selbstverständlichkeit, mit der der neue Überfluss hingenommen wird. Das Stück ist somit ein Protest gegen den neuen Wohlstand und die Konsumorientierung.

   3. Die Währungsreform von 1948 und der darauf aufbauende Marshallplan brachten die deutsche Wirtschaft ins Rollen. Zudem profitierten die westlichen Besatzungszonen davon, dass es kaum Demontagen gab und sich die Reparationsforderungen in Grenzen hielten. Gerade Finanzexperten wie Ludwig Erhard förderten das sogenannte Wirtschaftswunder in der Bundesrepublik.

2. Lösung individuell

Station 6: Das Wunder von Bern — Seite 26

1. Das Alltagsleben ist in Deutschland auch neun Jahre nach Kriegsende vielfach noch nicht zur Normalität zurückgekehrt. Noch immer befinden sich Männer in Kriegsgefangenschaft und die Frauen müssen einen Großteil der Arbeit allein erledigen. Trotz Währungsreform und sich anbahnendem Wirtschaftsaufschwung sind noch nicht alle Deutschen wieder genesen. Auch der deutsche Fußball muss sich erst wieder finden.

2. Lösung individuell

3. Doppeltorschütze im Finale: Helmut … — RAHN
   Rundfunk-Reporter in Bern: Herbert … — ZIMMERMANN
   Stadion des Endspiels in Bern: …-stadion — WANKDORF
   Gegner der deutschen Mannschaft im Endspiel — UNGARN
   Gastgeberland der WM '54 — SCHWEIZ
   Fritz-Walter-Wetter — REGEN
   Neue Schraubstollen für die deutsche Mannschaft von der Firma … — ADIDAS
   Trainer der deutschen Nationalmannschaft: Sepp … — HERBERGER

Station 7: Von Halbstarken und Backfischen — Seite 27

1. **1935:** Jugendliche trafen sich in Jugendorganisationen der NSDAP, organisierten Wanderfahrten, führten paramilitärische Übungen durch, wurden in politischer Propaganda geschult, standen nach militärischem Vorbild in Reih und Glied, vorgegebene Kleiderordnung
   1955: Jugendliche imitierten amerikanischen Lifestyle, Musik- und Filmstars waren Vorbilder der Jugend, lässiges und provokantes Auftreten, lockerer Kleidungsstil

2. **Halbstarke:** aggressiv auftretende Jugendliche, meist männlich, teilweise auch in Banden organisiert, Jugendliche aus der Arbeiterklasse, eiferten Musik- und Filmstars nach
   Backfische: weibliche Heranwachsende, eher zurückhaltend, interessierten sich vor allem für Mode, Musik und Jugendzeitschriften (z. B. BRAVO)

3. Die Wirtschaft entdeckte in der Jugend einen neuen Absatzmarkt. Amerikanische Mode und Rockmusik, aber auch deutsche Schlager punkteten bei der jungen Nachkriegsgeneration. Das Wirtschaftswunder verbesserte die Lebensbedingungen der Menschen und machte es z. B. möglich, dass viele Jugendliche ein eigenes Zimmer und mehr Raum für ihre Freizeitaktivitäten bekamen.

Station 8: Rock 'n' Roll und neue Freiheit — Seite 28

1. Auch in der DDR gab es Jugendliche, die versuchten, den amerikanischen Vorbildern nachzueifern. Sie hatten dazu jedoch nicht die gleichen Möglichkeiten wie Gleichaltrige aus dem Westen. Der Import von Westprodukten war untersagt, lediglich auf dem Schwarzmarkt konnten u. a. aktuelle Schallplatten erworben werden. Obwohl es verboten war, versuchten einige Bürger der DDR, Westfunk (Radio) zu empfangen. In der Öffentlichkeit war das Tragen von Westmode schwierig. Jegliche Abweichung von der Norm wurde sofort sanktioniert.

2. 1. Auf dem Kinoplakat sieht man eine Frau, die auf einer vielbefahrenen Straße (vermutlich nahe einer Großstadt) den Verkehr behindert. Die Frau ist von riesiger Gestalt und zerstört durch ihr Auftreten die Straße sowie Fahrzeuge. Menschen flüchten vor ihr. Die Frau ist im Stil der fünfziger Jahre modisch und aufreizend gekleidet und wirkt auf den ersten Blick nicht einschüchternd wie ein Ungeheuer. Die Symbolik hinter dem Kinowerbeplakat ist die eines neuen Frauenbildes als selbstbewusster und stilsicherer Person. Die Frau der Fünfziger lernt, sich in Szene zu setzen und zu vermarkten. Der ironische Hintergrund besteht wohl darin, dass die Männerwelt sich nun vor einer Vielzahl dieser Frauen in Acht nehmen müsse.

   2. Die neue Frauenrolle stand in Konflikt mit dem traditionellen Rollenbild, nach dem der Mann als Oberhaupt der Familie fungiert und auch im öffentlichen Leben die entscheidenden Funktionen einnimmt. Eine emanzipiertere Frauenrolle gab es zwar bereits in der Weimarer Republik, im Dritten Reich wurden diese Bestrebungen jedoch zugunsten einer traditionellen Rollenverteilung zurückgedrängt.

   3. Zur Zeit des Nationalsozialismus sollte die Frau allein Hausfrau und Mutter sein. Frauen, die dem Vaterland viele gesunde Kinder schenkten, wurden seit 1939 mit dem Mutterkreuz ausgezeichnet. In den 50er Jahren wandelte sich das Frauenbild. Dazu trug wesentlich der Einfluss der Besatzungsmächte bei. In anderen europäischen Ländern sowie in den USA waren Frauen emanzipierter, was sich u. a. auch in der Mode und im Lifestyle widerspiegelte. Viele Frauen nahmen sich dies zum Vorbild.

3. Lösung individuell

Station 9: APO und Studentenbewegung – die 68er — Seite 29

1. Innerparlamentarische Oppositionen sind im Parlament vertreten, jedoch nicht an der Regierung beteiligt. Außerparlamentarische Oppositionen sehen in den im Parlament vertretenen Parteien keine legitimen Meinungsvertreter oder Repräsentanten. Sie können sich aber auf das Recht der Versammlungs- und Meinungsfreiheit berufen und ihre Kritik z. B. durch Demonstrationen oder Sitzstreiks kundtun.

2. Lösung individuell

3. Mögliche Lösung:
Die 68er-Bewegung kritisierte das politische System der jungen Bundesrepublik. Die Proteste gingen hauptsächlich aus der Studentenschaft hervor, die die überkommene Struktur der Universitäten kritisierte. So wurde beispielsweise auf Plakaten propagiert: „Unter den Talaren, Muff von 1000 Jahren." Außerdem demonstrierten die Studenten gegen die Vietnam-Politik der US-Regierung. Die Bild-Zeitung und der Axel-Springer-Verlag, die ein wertkonservatives Weltbild vertraten, griffen die Vertreter der Protestbewegung scharf an, wodurch sich die Unruhen auf den Straßen verschärften. Beim Besuch des Schahs von Persien eskalierte die Situation und gipfelte in der Erschießung des Studenten Benno Ohnesorg durch einen Polizisten. Während der Wertewandel und der Konflikt mit der Elterngeneration einerseits zu starken Spannungen führten, wurden die neuen Freiheiten andererseits auch friedlich gelebt: Rainer Langhans gründete zum Beispiel die Kommune I, die statt Gewalt die sexuelle Revolution forderte und lebte.

Station 10: Die RAF – Terrorismus in Deutschland — Seite 30

1.

Februar 1970	Andreas Baader und Gudrun Ensslin treffen auf Ulrike Meinhof.
4.04.1970	Andreas Baader wird verhaftet.
14.05.1970	Die Gruppe um Ulrike Meinhof befreit Andreas Baader bei einem Freigang.
5.06.1970	Die Bezeichnung „Rote Armee Fraktion" (RAF) wird erstmals öffentlich verwendet.
06.–08.1970	militärische Ausbildung von RAF-Mitgliedern in Jordanien
29.09.1970	Dreierschlag: zeitgleicher Überfall auf drei Banken
11.05.1972	Bombenanschlag auf US-Hauptquartier des V. Corps der US-Armee in Frankfurt
19.05.1972	Bombenanschlag auf das Verlagshaus Springer
Juni 1972	Verhaftung der RAF-Gründer und weiterer Anhänger
17.01.1973	Beginn des ersten kollektiven Hungerstreiks
24.04.1975	Die 2. Generation der RAF überfällt die bundesdeutsche Botschaft in Stockholm.
21.05.1975	Beginn der Stammheimer Prozesse
9.05.1976	Selbstmord Ulrike Meinhofs in ihrer Zelle
7.04.1977	Mord an Generalbundesanwalt Siegfried Buback
5.09.1977	Entführung des Arbeitgeberpräsidenten Hanns Martin Schleyer
13.10.1977	Entführung der Lufthansamaschine „Landshut"
18.10.1977	GSG 9 befreit die Geiseln der „Landshut" in Mogadischu. Baader, Ensslin und Raspe begehen Selbstmord in ihren Zellen.
31.08.1981	Ein Bombenlastwagen explodiert im US-Luftwaffenstützpunkt Ramstein.
20.04.1998	Die Nachrichtenagentur Reuters verkündet die Auflösung der RAF.
6.07.2012	Verurteilung der Ex-Terroristin Verena Becker zu vier Jahren Haft wegen Beihilfe am Buback-Mord

2. 1. Generation 1970–1975 = Gruppe um Andreas Baader, Ulrike Meinhof und Gudrun Ensslin; zahlreiche Bombenanschläge und Banküberfälle
2. Generation 1975–1981 = Gruppe um Helmut Pohl und Margrit Schiller; Offensive 77; neue Form des Terrorismus, nehmen dabei Tod von Unschuldigen billigend in Kauf
3. Generation 1982–1998 = Strategieänderung, Terror auf nationaler und internationaler Ebene

3. Lösung individuell

Station 1: Stalinismus — Seite 31

1. - geboren 1879 in Gori, gestorben 1953 in Kunzewo
   - Stalin ist ein Kampfname und bedeutet „der Stählerne".
   - unter Lenin ins Zentralkomitee der Bolschewiken berufen
   - Er nutzte nach Lenins Tod seine Macht, um jegliche Opposition auszuschalten.
   - 1939 Abschluss des Nichtangriffspakts mit dem Dritten Reich

2. Mit den großen **Säuberungen** wollte Stalin alle Macht für sich gewinnen und jegliche Opposition ausschalten, darunter auch Anhänger der Bolschewiken, die seinen Aufstieg ermöglicht hatten.
   Unter **Totalitarismus** versteht man einen diktatorischen Führungsstil, wie er z. B. von Stalin ausgeübt wurde.
   Die **Kolchose** war ein staatlich organisierter Landwirtschaftsbetrieb, dessen Bewirtschaftung durch das sozialistische Kollektiv der Mitglieder erfolgte.

3. **Stalinismus in der Sowjetunion:** Herrschaft Josef Stalins, Ausprägung des Marxismus/Leninismus, Form des Totalitarismus, Zwangskollektivierung der Landwirtschaft, Aufspaltung der Gesellschaft in Klassen
   Stalinismus in der DDR: SED-Führung unter Walter Ulbricht stalintreu, Rechtfertigung der Verbrechen Stalins durch Erich Mielke, Stalinismus begleitete die DDR von Beginn an bis zu ihrem Ende

Station 2: Sozialismus – Wie funktioniert der neue Staat? — Seite 32

1. Der **Sozialismus** ist eine politische Weltanschauung, welche unter Einhaltung der Grundrechte auf die Schaffung einer solidarischen Gesellschaft abzielt. Dabei sollen Privateigentum und Kapital nach sozialistischem Verständnis für das Kollektiv einstehen und zu einer gemeinsamen Versorgung beitragen.

2. Nach Artikel 1 der DDR-Verfassung von 1974 ist die Deutsche Demokratische Republik ein sozialistischer Staat der <u>Bauern</u> und <u>Arbeiter</u>. Die Bürger durften alle <u>fünf Jahre</u> wählen, doch nur die Parteien, die auf der Einheitsliste standen. Auf dieser Liste standen nur Parteien, die sich zum <u>Sozialismus</u> bekannten und den Führungsanspruch der marxistisch-leninistischen <u>SED</u> akzeptierten. Die von den Bürgern gewählten Vertreter bildeten die <u>Volkskammer</u>. Diese fasste 500 Mitglieder. Die Volkskammer wählte schließlich das Oberste Gericht, den Generalstaatsanwalt und den <u>Ministerrat</u>. Ebenso konnte sie Vorsitzende bestimmen, die in den Nationalen Verteidigungsrat berufen wurden. Während Westdeutschland der NATO angehörte, war die DDR Mitglied im <u>Warschauer Pakt</u>. Über allem stand die SED, die die DDR durch den Staatsrat und das <u>Zentralkomitee</u> diktatorisch regierte.

3. Lösung individuell

Station 3: Planwirtschaft versus Soziale Marktwirtschaft — Seite 33

1. **Planwirtschaft:** Zentralwirtschaft, Monopol des Staates bei der Produktion, Staat bestimmt Preis und Dienstleistung, feste Arbeitskräfte zu jeder Zeit, verbindliche Wirtschaftspläne, keine Berücksichtigung von Angebot und Nachfrage, kein Konkurrenzdruck
   Soziale Marktwirtschaft: Eigeninitiative möglich, Unternehmergeist wird gefördert, soziale Absicherung, Konkurrenz und Wettbewerb fördern Entwicklung, Angebot und Nachfrage bestimmen Produktion und Preis, Staat greift nur korrigierend ein
   Fazit: Lösung individuell

2. Die Motivation erfolgte über die Verleihung von Auszeichnungen und Orden, mit denen besonders fleißige und produktive Arbeiter geehrt wurden. Dies war Teil der Propaganda, Planwirtschaft als überlegenes System darzustellen. Dazu gehörte auch, bestimmten Werktätigen Urlaubsplätze in volkseigenen Erholungseinrichtungen zur Verfügung zu stellen.

Station 4: 17. Juni 1953 – Aufstand in der DDR — Seite 34

Ursachen: wachsende Unzufriedenheit mit der SED-Herrschaft, Enteignung von Großbauern und Gerichtsprozesse gegen sie (LPG), Versorgungsengpässe mit Lebensmitteln, zu viel Geld in Aufbau der Schwerindustrie investiert, Mittelstand und Handwerkern wurden die Lebensmittelkarten entzogen, Normerhöhung der Arbeit, Lohnsenkungen

Beweggründe: keine Normierung der Arbeit, Senkung der Lebenshaltungskosten, keine Bestrafung der Streikenden, Forderung nach freien und geheimen Wahlen und nach der Einheit Deutschlands

Rolle der SED / UdSSR: Verhängung von Strafen, Mobilmachung der Armee, Beseitigung der Opposition und Verschärfung der SED-Herrschaft, teils Zugeständnisse an das Volk (u. a. Preissenkungen), DDR bleibt von der Sowjetunion abhängig, kein moderner Kurs der Partei

Station 5: Sigmund Jähn – der Kosmonaut — Seite 35

1. Sigmund Jähn wurde 1937 geboren. Nach einer Lehre zum Buchdrucker ging er in den Militärdienst. Er begeisterte sich für die Luftwaffe, stieg dort als Offizier auf und studierte anschließend in der UdSSR. 1976 absolvierte er zwei Jahre lang eine Kosmonautenausbildung bei Moskau. Ende August bis Anfang September 1978 startete er mit der Raumkapsel Sojus 31 als erster Deutscher ins Weltall. 1983 promovierte er in Potsdam.

2. Viele Prominente in der DDR hatten mit der Stilisierung als Helden des Sozialismus große Schwierigkeiten. Es wurde nicht ihre sportliche oder intellektuelle Leistung als solche gewürdigt, sondern das politische Regime instrumentalisierte sie, um im vermeintlichen Konkurrenzkampf mit den Westmächten gut dazustehen. Zwar gab es unter den Prominenten durchaus treue Anhänger der DDR, doch diese waren eher in der Minderzahl. Die meisten lehnten jede Art von Sonderbehandlung ab, da dies ihr Ansehen in der Bevölkerung häufig sinken ließ.

3. Lösung individuell
4. Lösung individuell

Station 6: Sparwasser trifft – BRD geschlagen! — Seite 36

1. Lösung individuell

2. Über Nacht wurde Jürgen Sparwasser zum Volkshelden, doch ein solcher wollte er nie sein. Sparwasser wusste, dass sein sportlicher Beitrag schnell politisch instrumentalisiert werden würde. Er selbst beschreibt in einem Interview, dass man als Mensch für den Staat schnell egal sei, wenn man dessen Vorstellungen nicht entspreche. Um diesem Druck zu entfliehen, entschloss er sich 1988 schließlich zur Flucht in die Bundesrepublik. Fußballer wie Jörg Berger mussten hingegen die Bespitzelung der Stasi sogar über die Grenze hinaus ertragen.

3. Jörg Berger (Fußballtrainer), Falko Götz (Fußballspieler), Norbert Nachtweih (Fußballspieler), Axel Mitbauer (Freistilschwimmer), Jürgen Kissner (Radrennfahrer), Jürgen May (Leichtathlet) u. v. a.

Station 7: Der Staat ist überall — Seite 37

1. Das Ministerium für Staatssicherheit wurde 1950 nach sowjetischem Vorbild gegründet. Die zentralen Aufgaben dieser Geheimpolizei lagen in der Verfolgung von Republikflüchtigen, der Kontrolle der Planwirtschaft und der Überwachung der Grenzübergänge. Hinzu kam nach dem Mauerbau die Kontrolle des Reiseverkehrs. Später wurden Kontakte von DDR-Bürgern in den Westen überwacht. Verdächtige wurden häufig sofort festgenommen, teilweise gefoltert oder sogar ermordet. Neben der Bespitzelung durch eigene Mitarbeiter rekrutierte die Stasi ihre Informationen auch durch angeworbene „Informelle Mitarbeiter" (IM), die ihr nächstes Umfeld, vor allem aber potentielle Flüchtlinge ausspionierten.

2. Der Witz thematisiert die Tatsache, dass das freie, selbstständige Denken der Bürger in der DDR unerwünscht war. Der SED-Staat zog es vor, die Menschen zu kontrollieren und zu führen, Abweichungen von der Norm galten als potentielle Gefahr für das System. Denkweisen und Vorstellungen, die die politische Ordnung hinterfragen konnten, wurden so im Keim erstickt.

3. Lösung individuell

Station 8: Jugend im Sozialismus — Seite 38

1. **Jugendweihe:** Durch die Jugendweihe wurden Jugendliche feierlich in das Erwachsenenalter aufgenommen. Dabei versprachen sie Landestreue und die Brüderlichkeit zur Sowjetunion zu wahren. Die Jugendweihe sollte als Ersatz zu kirchlichen Feiern dienen.
FDJ: Die Freie Deutsche Jugend organisierte Freizeitangebote, Wanderfahrten und politische Kurse für Jugendliche. Wer Mitglied der FDJ war, hatte in der DDR bessere Chancen auf eine höhere Bildung, z. B. ein Studium.
Professor Flimmrich: Die „Flimmerstunde" war eine der beliebtesten Kindersendungen der DDR.
Zetti Bambina: Dies war die beliebteste Süßwarenmarke der DDR, die heute durch neue Produktionsanlagen wieder auf den Markt gekommen ist.

2. Lösung individuell

Station 9: Ostrock – ein Zeichen gegen das System — Seite 39

1. 1. Viele der DDR-Rockbands versuchten, ihre persönliche Einstellung zum politischen System in ihren Liedtexten zu verarbeiten, meist waren diese sehr kritisch geprägt.

   2. Viele Bands mussten die Bespitzelung durch die Stasi fürchten. Diese gewährte ihnen kein öffentliches Auftreten, so mussten sie in leer stehenden Kirchen, in Kellern alter Fabriken oder in kleinen Wohnungen bei Freunden ihre Musik verbreiten. Um sich nicht zu verraten, wurden die Konzerte geheim organisiert und nur vertrauenswürdigen Kontakten mitgeteilt.

2. Die Band „City" kritisierte die Teilung Deutschlands und Berlins. Die Musiker fühlten sich eingeengt und ihrer Freiheit beraubt. Sie wollten gerne mehr von der Welt sehen. Halbwegs zufrieden könne man nur sein, wenn man nicht wisse, welche Möglichkeiten sich einem bieten, wenn man über die Grenzen hinaus blicke.

3. Lösung individuell

Station 1: Neue Ostpolitik unter Willy Brandt — Seite 40

1.

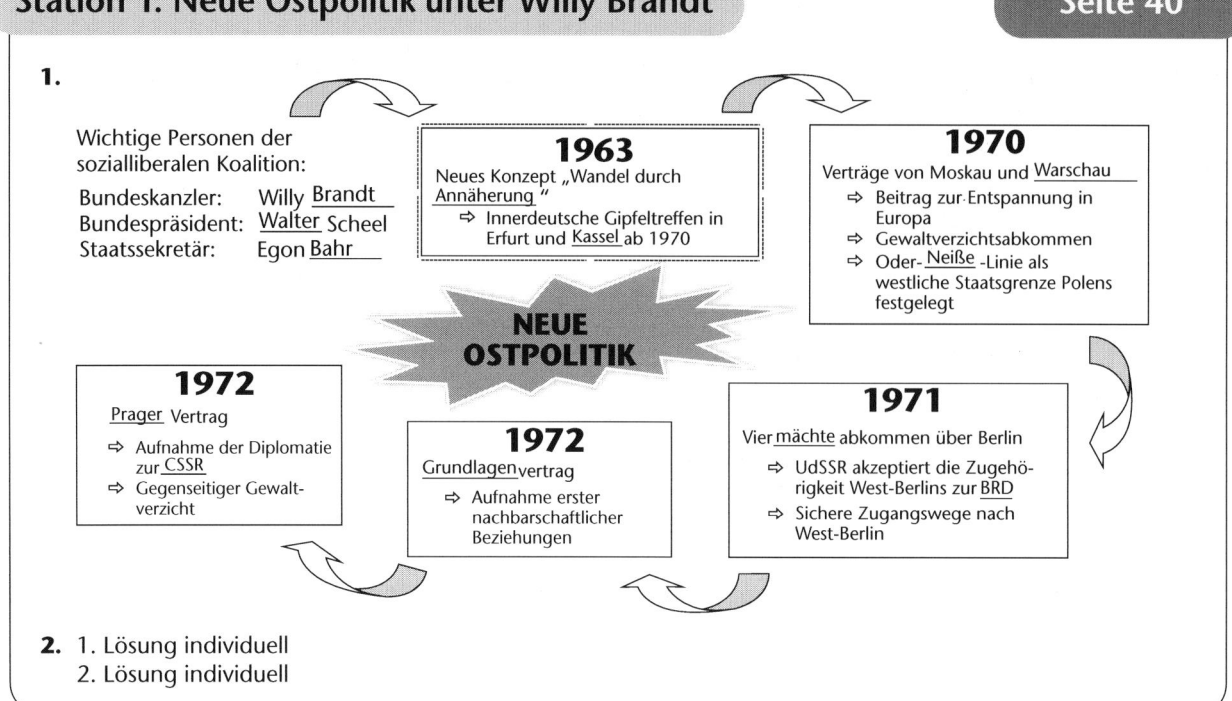

Wichtige Personen der sozialliberalen Koalition:
- Bundeskanzler: Willy <u>Brandt</u>
- Bundespräsident: <u>Walter</u> Scheel
- Staatssekretär: Egon <u>Bahr</u>

1963
Neues Konzept „Wandel durch <u>Annäherung</u>"
⇨ Innerdeutsche Gipfeltreffen in Erfurt und <u>Kassel</u> ab 1970

1970
Verträge von Moskau und <u>Warschau</u>
⇨ Beitrag zur Entspannung in Europa
⇨ Gewaltverzichtsabkommen
⇨ Oder-<u>Neiße</u>-Linie als westliche Staatsgrenze Polens festgelegt

1972
<u>Prager</u> Vertrag
⇨ Aufnahme der Diplomatie zur <u>CSSR</u>
⇨ Gegenseitiger Gewaltverzicht

1972
<u>Grundlagen</u>vertrag
⇨ Aufnahme erster nachbarschaftlicher Beziehungen

1971
Vier<u>mächte</u>abkommen über Berlin
⇨ UdSSR akzeptiert die Zugehörigkeit West-Berlins zur <u>BRD</u>
⇨ Sichere Zugangswege nach West-Berlin

NEUE OSTPOLITIK

2. 1. Lösung individuell
   2. Lösung individuell

Station 2: Flucht aus der DDR — Seite 41

1. Lösung individuell

2. 1. Fluchtversuche durch Tunnelgrabungen, über die Ostsee oder Kanäle, durch Lkw-Transporte, Durchbrechen der Sperren mit Pkws etc.

   2. Die DDR-Bürger konnten zwar offiziell Ausreiseanträge stellen, doch auf Antwort musste man lange warten. Oft wurden die Anträge abgelehnt und Antragsteller mussten mit Bespitzelung und Schikanen durch die Stasi rechnen. Rentner hingegen konnten für vier Wochen im Jahr in die Bundesrepublik reisen. Für sie galt eine Besuchsregelung. Daher mussten sie auch bei Übersiedlungsplänen keinen Antrag auf Ausreise stellen.

   3. Grundsätzlich wurden DDR-Flüchtlinge in der Bundesrepublik gern aufgenommen. Viele von ihnen waren jung, gut ausgebildet und konnten ohne Probleme integriert werden. Einige der Flüchtlinge hatten auch familiäre Beziehungen in den Westen und konnten dort zunächst unterkommen. Über vier Millionen Flüchtlinge nahm die BRD bis zur Wiedervereinigung auf, nur wenige von ihnen gingen freiwillig wieder zurück.

3. Die DDR-Flüchtlinge hatten an der Grenze als erstes Hindernis eine hohe Hinterlandmauer zu überwinden. Diese war als <u>Signalzaun</u> eingerichtet, sie stand unter elektrischer Spannung und löste bei Berührung sofort Alarm aus. Ebenso verursachten die folgenden <u>Stolperdrähte</u> bei Kontakt Alarmsignale. An der Berliner Mauer befanden sich dort zusätzlich Laufanlagen mit <u>Wachhunden</u> zur doppelten Absicherung. Anschließend folgte ein <u>Kolonnenstreifen</u>, der den patrouillierenden Wachmännern eine schnelle Fortbewegung ermöglichen sollte. Um eine Flucht mit gepanzerten Lastkraftwagen oder Autos zu verhindern, schloss sich ein <u>Kfz-Sperrgraben</u> an. Neben einigen Bunkern gab es unzählige <u>Postentürme</u> zur besseren Beobachtung. Unterstützt wurden diese von <u>Lichtmasten</u> speziell für nächtliche Fluchtversuche. Kurz vor der Berliner Mauer befand sich ein <u>Kontrollstreifen</u>, auf dem zusätzliche Einsatzkräfte positioniert waren, die durchaus bereit waren zu schießen.

Station 3: Auf gute Nachbarschaft – der Grundlagenvertrag — Seite 43

1. Der Grundlagenvertrag, auch deutsch-deutscher Vertrag genannt, war ein wichtiger Schritt auf dem Weg zu einer möglichen Wiedervereinigung. Hier wurde festgehalten, dass die beiden deutschen Staaten gute nachbarschaftliche Beziehungen pflegen und ihre Streitfragen ausschließlich mit friedlichen Mitteln beilegen sollen. Dennoch wurde im Grundlagenvertrag auch formuliert, dass die beiden deutschen Staaten die jeweilige Unabhängigkeit und Selbstständigkeit respektieren sollen. In Ostberlin und Bonn wurden Ständige Vertretungen errichtet. Der BRD ging es außerdem und im Besonderen um das Wohl und die Sicherheit der Bürger Westberlins.

2. 1. Bahr sah es als wichtigen Schritt an, dass sich die beiden deutschen Staaten zumindest annäherten. Ihm war bewusst, dass die spannungsreiche Beziehung zwischen beiden deutschen Staaten mit einer formalen Vertragsunterzeichnung nicht sofort zu besänftigen sei. Doch immerhin war nun ein gemeinsames Fundament gelegt worden, auf dem es aufzubauen galt.

   2. Am Grundlagenvertrag wurde vor allem kritisiert, dass die Mauer nach wie vor bestand und keine aktiven Schritte gegen den Schießbefehl unternommen wurden. Ebenso sei die Frage einer möglichen Wiedervereinigung zu wenig thematisiert worden. Die Opposition kritisierte eine zu nachgiebige Außenpolitik der Regierung.

   3. Lösung individuell

Station 4: „Wir sind das Volk!" – eine friedliche Revolution — Seite 44

1. **Glasnost** (russ. für „Offenheit, Redefreiheit, Informationsfreiheit") bezeichnet die Transparenz der sowjetischen Staatsführung gegenüber ihren Bürgern. Glasnost ist ein wichtiger Schritt zur Demokratie. **Perestroika** (russ. für „Umbau, Umgestaltung") bezeichnet die Umstrukturierung des sowjetischen Systems im Sinne einer politischen und gesellschaftlichen Modernisierung. Besonders die Meinungs- und Pressefreiheit sollten verstärkt werden.

2. Die Proteste in der DDR weiteten sich nach den Reformen durch Michail Gorbatschow in der UdSSR aus. Bürger gingen bei den sogenannten Montagsdemonstrationen auf die Straße. Die Demonstranten wählten für ihren Protest ausschließlich gewaltlose Mittel. Zudem trafen sie sich zu Friedensgebeten in den Kirchen. Die SED-Führung antwortete mit der Sendung von Soldaten, die jedoch nicht eingriffen. Im November 1989 sollen bis zu eine Million DDR-Bürger friedlich demonstriert haben.

3. *Zuordnung von Daten und Ereignissen und ihre Chronologie am Zeitstrahl:*
   12.06.1987 – Besuch von Ronald Reagan in Westberlin
   19.01.1989 – Erich Honecker sagt: „Die Mauer wird in 50 und auch noch in 100 Jahren bestehen bleiben."
   19.08.1989 – Massenflucht über Ungarn
   4.09.1989 – Beginn der Montagsdemonstrationen in Leipzig
   7.10.1989 – Paraden und Proteste beim 40. Jahrestag der DDR
   18.10.1989 – Rücktritt Erich Honeckers
   9.11.1989 – Fall der Berliner Mauer
   3.12.1989 – Auflösung des SED-Zentralkomitees
   12.09.1990 – Zwei-plus-Vier-Verträge
   3.10.1990 – Tag der Deutschen Einheit
   17.01.1991 – Helmut Kohl wird erster gesamtdeutscher Kanzler

Station 5: „Wir sind ein Volk!" – der Fall der Mauer — Seite 46

Lösung individuell

Station 6: Die deutsche Einheit – Freude und Herausforderung — Seite 47

1. **wirtschaftlicher Aufschwung:** Die Firmen der ehemaligen DDR hatten für die Firmen des Westens eine zu geringe Produktivitätsleistung. Auch die noch in der DDR geschaffene Treuhandanstalt wurde in den frühen 90er Jahren aufgelöst. Dies kostete Millionen Arbeitsplätze und verhinderte den gewünschten wirtschaftlichen Aufschwung. Trotz Solidaritätszuschlag blieb der Aufschwung fern. Noch heute kann man dies in den neuen Bundesländern nachvollziehen.

   hohe Arbeitslosigkeit: Während sich die einen noch über die Einheit und die neue Freiheit freuten, machten sich viele Arbeiter der ehemaligen DDR Sorgen um ihren Arbeitsplatz. Viele Arbeitsplätze gingen verloren, da die BRD nicht bereit war, die Volkseigenen Betriebe der DDR in gleichem Maße weiterzuführen. Die Angst vor Arbeitslosigkeit bewegte gerade junge Menschen aus den neuen Bundesländern, Richtung Westen umzusiedeln.

   Umgang mit Stasi-Mitgliedern: Vielfach wurde diskutiert, ob ehemalige Stasi-Mitglieder oder Inoffizielle Mitarbeiter für ihre Taten zur Rechenschaft gezogen werden müssten. Ebenso gab es unzählige Debatten, wie man mit den Daten und Unterlagen der Geheimpolizei umgehen solle. Eine detaillierte Aufarbeitung und Untersuchung hätte womöglich Racheakte und politische Konsequenzen nach sich gezogen. Für eine Vernichtung der Akten sprach auch, dass sich andere Geheimdienste so nicht an diesen Informationen bedienen konnten. Andererseits ließ sich häufig nur anhand dieser Unterlagen das Leid der Stasi-Opfer zurückverfolgen.

2. Einige Stimmen aus dem Ausland fürchteten sich vor der deutschen Einheit, da sie ein wiedererstarkendes Deutschland befürchteten. Dies erinnerte sie an die Jahre vor dem Zweiten Weltkrieg, in denen das Dritte Reich durch Annexion an Macht gewann.

Station 7: Bundeskanzler Kohl und der Zehn-Punkte-Plan — Seite 48

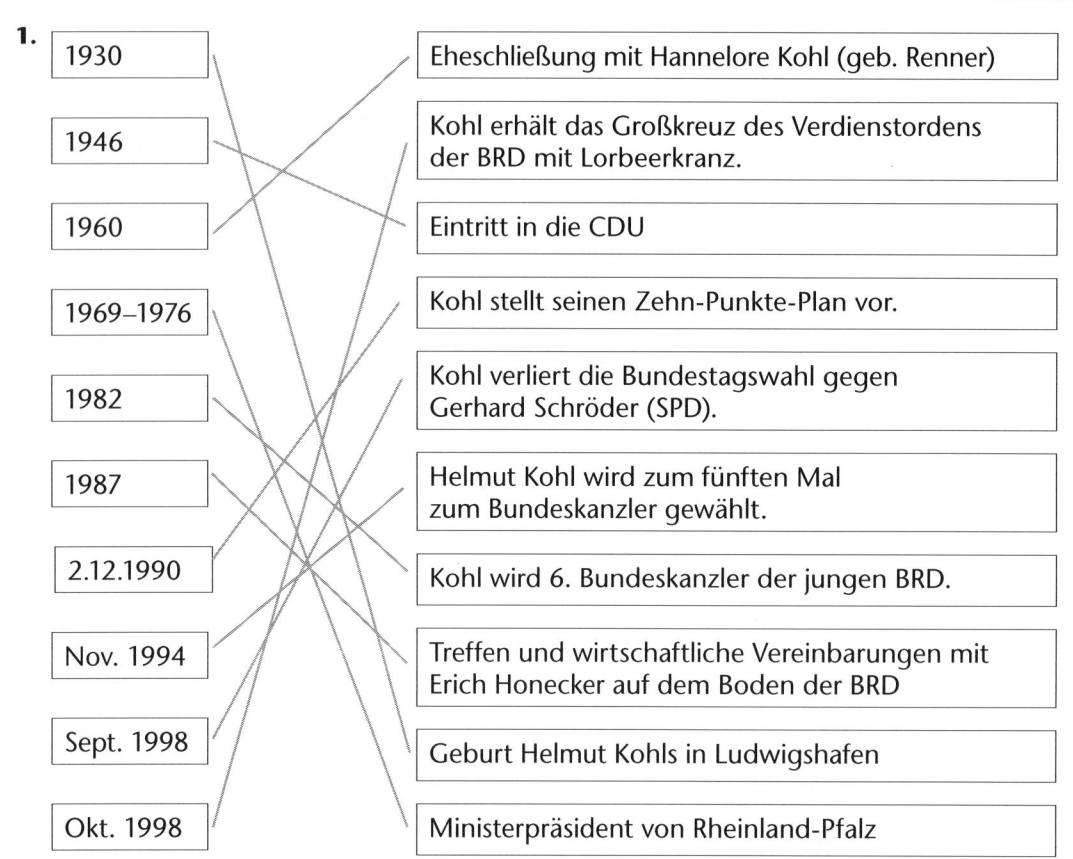

2. In seiner Rede vor dem Deutschen Bundestag am 28.11.1989 stellte Kohl ein Programm auf, wie mit der DDR nach der Grenzöffnung umgegangen werden sollte. Dabei sind problemlose Ein- und Ausreiseregelungen nötig sowie ein funktionierendes Kommunikations- und Mobilitätsnetzwerk. Zudem sollte das föderale System der BRD die DDR involvieren und eine politische wie wirtschaftliche Zusammenarbeit stärken. Nicht nur die neue BRD, sondern auch andere reformierte Staaten Osteuropas sollten die Möglichkeit erhalten, der Europäischen Gemeinschaft beizutreten, ein vereinigtes Deutschland sollte als positives Vorbild für ein geeintes Europa dienen. Ferner spricht das Programm auch eine internationale Rüstungskontrolle und den Umgang mit chemischen Waffen an.

Station 8: Die Wiedervereinigung — Seite 49

1. 8. Ostverträge von Willy Brandt und Walter Scheel in den 70er Jahren führen zur Normalisierung des Verhältnisses von BRD und DDR.
   9. Neue Reformen in den Ostblockstaaten durch Kreml-Oberhaupt Gorbatschow
   1. Abbau von Grenzzäunen Ungarns zu Österreich → Viele DDR-Bürger nutzen dies als Fluchtweg.
   10. Wachsende Oppositionsbewegungen in der DDR → Montagsdemonstrationen
   2. Günter Schabowski verkündet die offizielle Genehmigung zur Ausreise aus der DDR. → Fall der Mauer
   5. Zehn-Punkte-Plan von Bundeskanzler Helmut Kohl → Wiedervereinigung erstmals Ziel der politischen Verhandlungen
   7. Beschluss zur Auflösung der Stasi → Demokratische Volkskammerwahl → SED nicht länger Einheitspartei
   6. Zwei-plus-Vier-Vertrag: Staatsvertrag als Grundstein für die Wiedervereinigung
   3. Einigungsvertrag → Berlin wird fortan Hauptstadt.
   4. Tag der Deutschen Einheit → Der 3. Oktober wird offizieller Nationalfeiertag.

2. Lösung individuell

Station 9: Ungleichheit trotz Einheit? — Seite 50

1. Viele Menschen in Ostdeutschland fühlten sich in der BRD als Bürger zweiter Klasse. Sie konnten nun zwar von der Reisefreiheit profitieren, standen jedoch wirtschaftlich häufig schlechter da, als sie es sich erhofft hatten. Viele Volkseigene Betriebe wurden von westlichen Firmen aufgekauft oder aufgelöst, die Arbeitslosigkeit wuchs. Der Eindruck, die DDR sei von der BRD „übernommen" worden, machte sich breit, viele hatten das Gefühl, ihre eigene Vergangenheit sei nun nichts mehr wert. Zudem wurden einige positive Aspekte oder Angebote, die das Leben in der DDR erleichtert hatten, beispielsweise umfangreiche Betreuungsangebote für Kinder berufstätiger Mütter, verringert oder abgeschafft.

2. Lösung individuell

Quellennachweis

Textquellen

Chanson vom Wirtschaftswunder
Text: Günther Neumann © Budde Music Publishing GmbH

Zeitungsartikel: Flucht mit dem Heißluftballon
© Phlipp Schnee, DER SPIEGEL, 16.09.2009.
https://www.spiegel.de/geschichte/ballonflucht-aus-der-ddr-a-948504.html

Bildquellen

Plakat Kriegsende Köln „Durch die Strassen Bettlern gleich …"
Foto: Rheinisches Bildarchiv Köln, rba_c016960

Flucht und Vertreibung nach 1945
218890696 Grafik 2463 Flucht und Vertreibung

Karikatur Szewczuk „Von dem Onkel dürft ihr nichts annehmen!"
© Ilona Szewczuk-Zimmer

Martin Bormann
Bundesarchiv, Bild 183-R14128A / CC-BY-SA 3.0

Rudolf Heß
Bundesarchiv, Bild 183-1987-0313-507 / CC-BY-SA 3.0

Hermann Göring
Bundesarchiv, Bild 102-13805 / CC-BY-SA 3.0

Franz von Papen
1004724 Franz von Papen: picture-alliance / dpa / dpa

Karikatur BRD–DDR
bpk / Deutsches Historisches Museum / Sebastian Ahlers

Karikatur Kalter Krieg
http://www.lsg.musin.de, Privatbesitz

Point Alpha
https://commons.wikimedia.org/wiki/File%3APoint-Alpha-Turm-West-und-Ost.jpg,
Wo st 01 / Wikimedia Commons / CC-BY-SA-3.0-DE

Flagge NATO
Fotolia, # 5308335

Berliner Mauer
© https://www.berlin-bildergalerie.de

Schlange vor Laden
2432770 Währungsreform: picture-alliance / dpa / dpa

Schaufensterauslage
11399560 Nachkriegszeit - Nach der Währungsreform: picture-alliance / dpa / dpa dpd

Hitlerjugend
AKG120106: © akg-images

Halbstarke
ullstein bild

Filmplakat von Reynold Brown zu dem Film „Angriff der 20-Meter-Frau" (1958)
http://www.wikiwand.com/de/Angriff_der_20-Meter-Frau_(1958), Reynold Brown [Public domain], via Wikimedia Commons

Rudi Dutschke
2089233 Rudi Dutschke: picture alliance / dpa / Rolf Kruse

Flagge DDR
Fotolia, # 12899577

Orden „Held der Arbeit"
https://commons.wikimedia.org/wiki/File:Held_der_Arbeit.jpg, Original uploader and author was Alexvonf at pl.wikipedia, Public domain, via Wikimedia Commons

Demonstration 17. Juni 1953
AKG72307: © akg-images

Jugendliche werfen Steine auf Panzer
AKG75221: © akg-images

Cover „Neues Deutschland"
http://einestages.spiegel.de, Der ewig Zweite: Jähn und Bykowski, © „Neues Deutschland" vom 27.08.1978, S. 33–35

Sparwasser
Bundesarchiv, Bild 183–N0503–0310 / Mittelstädt, Rainer / CC-BY-SA 3.0

Emblem der Stasi
https://commons.wikimedia.org/wiki/File%3AEmblem_Stasi.svg, STASI, Public domain, via Wikimedia Commons

FDJ
bpk / Deutsches Historisches Museum / Pressebild- Agentur Schirner

Hitlerjugend
Signatur: N 828,1 Propagandafoto „Fanfaren der Hitlerjugend", NS-Dokumentationszentrum der Stadt Köln

Wolf Biermann
Bundesarchiv, Bild 183-1990-0125-032 / Hirndorf, Heinz / CC-BY-SA 3.0

Aufbau der Grenzanlagen
https://commons.wikimedia.org/wiki/File%3AStructure_of_Berlin_Wall-info-de.svg, by Ericmetro [Public domain], via Wikimedia Commons

Montagsdemonstrationen
3026403 Montagsdemo in Leipzig - Archivfoto 1989: picture-alliance / ZB / Wolfgang Kluge

Menschen auf der Berliner Mauer
AKG2194035: © akg-images / Hildegard Ochse

Wir sind ein Volk
AKG188351: © akg-images / AP

Emblem „Deutsche Einheit"
Fotolia, # 47047987

Schema Zehn-Punkte-Programm
Zahlenbilder 58 280, © Bergmoser + Höller Verlag AG

Übersicht Hartz-IV-Empfänger 2008 / Übersicht Bürgergeld 2023
Zahlenbilder 174 094, © Bergmoser + Höller Verlag AG

Armut in den Ländern 2010 / Armut in den Ländern 2022
Zahlenbilder 286 344, © Bergmoser + Höller Verlag AG

Alle Unterrichtsmaterialien
der Verlage Auer, PERSEN und scolix

» **jederzeit online verfügbar**

lehrerbuero.de
Jetzt kostenlos testen!

Und das Beste:
Schon ab zwei Kollegen können Sie von der günstigen

Schulmitgliedschaft

profitieren!

Infos unter:
lehrerbuero.de

Das Online-Portal für Unterricht und Schulalltag!